U0481711

大众创业,《商业模式革新》提供思路
万众创新,七十二策助力商战新征途

商业模式革新

邱栋 ◎ 著

企业管理出版社
ENTERPRISE MANAGEMENT PUBLISHING HOUSE

图书在版编目（CIP）数据

商业模式革新 / 邱栋著 . -- 北京：企业管理出版社 , 2018.10

ISBN 978-7-5164-1784-3

Ⅰ . ①商… Ⅱ . ①邱… Ⅲ . ①商业模式—研究 Ⅳ . ① F71

中国版本图书馆 CIP 数据核字 (2018) 第 216570 号

书　　名：	商业模式革新
作　　者：	邱栋
责任编辑：	宋可力
书　　号：	ISBN 978-7-5164-1784-3
出版发行：	企业管理出版社
地　　址：	北京市海淀区紫竹院南路17号　邮编：100048
网　　址：	http://www.emph.cn
电　　话：	编辑部（010）68416775　发行部（010）68701816
	总编室（010）68701719
电子信箱：	qygl002@sina.com
印　　刷：	中煤（北京）印务有限公司
经　　销：	新华书店
规　　格：	710mm×1000mm　1/16　26印张　323千字
版　　次：	2018年10月第1版　2018年10月第1次印刷
定　　价：	88.00元

版权所有　翻印必究·印装有误　负责调换

推荐序

开卷有益

对于现代企业而言，商业模式是其核心竞争力的论点应该没有人会质疑。今天，企业为了生存和发展不断运用移动互联网和人工智能等技术打造新的商业模式。平台化、共享、分享的概念逐渐成为社会热词，从各种共享租赁到衣食住行的平台，投资者与创业者们前仆后继。然而，商业模式乏善可陈的公司倒下的速度往往比我们预想得还要快。面对这种情形，我们不禁要问：为什么有的商业模式今天诞生，明天就被模仿、被超越？为什么同样的商业模式，成就了A公司，却葬送了B公司？为什么有的商业模式从一开始就注定会失败？到底应该怎样构建有持续竞争优势的商业模式？面对上述问题，《商业模式革新》也许能够提供一些答案。

《商业模式革新》是我读到的比较与众不同的商业模式书籍。这既是一本写给创业者的书，又是一本写给投资人的书。首先，此书不局限于体系、理念、框架性方法，而是大胆地给出了极其简易的"搭积木"式构建方法，帮助创业者避免走"老路"、防止被轻易抄袭，同时又提供能快速开辟新天地并获得长治久安的"蹊径"。其次，为投资人提供了另一种提高投资成功率的可靠方法——量化的商业模式评估工具，通过比较不同公司的"丘子商力"（邱栋同学倾心研究之果），能够提前预知其盈利能力的差异，从而降低投资风险。

《商业模式革新》也是一本实用性很强的书，读者不必把它当成学术书籍。它其实是一本工具书，可以当成枕边书或者不离身的备忘录，尤其是书中的72种策略。针对每个策略，都有案例来辅助理解该策略的含义，并揭示该策略成功的关键是什么，并且都配有一张麦肯锡式的思考框架表格，可以让读者在阅读时，对照自己的企业现状写下自己的思考，分析是否适合使用该策略。

我认为，在互联网时代下，重复过去就是放弃未来。建议读者在阅读《商业模式革新》的过程中把注意力放在启发自己构建新商业模式的思考上，而不是学习领先企业的案例上，这也应该是作者的初衷。本书不是一个案例集，若是在乎"招"，便很难领会其"意"，学习最佳实践

推荐序

应该是工业时代的专利。

《商业模式革新》精准地诠释了一家伟大公司应有的样子——"求之于势,不责于人"。

《商业模式革新》一书对企业的经营管理有如此多的洞察和体悟与作者邱栋长期的努力和天赋密不可分。我们是同学,比较熟悉,经常深入地交流各种问题,邱栋同学敏锐的洞察、独特的视角、风趣幽默的表达给人印象深刻。他在后来的发展道路上还经常一语中的:2013年,他预测社保、医保全国通用,房价和汽油价格一样会采取政府指导价(限价);2014年,他预测户籍制度改革,取消户籍与教育、社会保障等的关联;2015年,他预测Oracle、SAP等公司将通过云服务成为平台型公司……这些预测有的已应验,有的还在发展变化中,尽管如此,作者的前瞻性思维和真知灼见可见一斑。

不像很多优秀书籍的作者,要么是世界名校博士,要么就是曾服务于全球顶尖的公司。邱栋同学貌似与名校绝缘,不擅长回答有标准答案问题的人是很难通过入学考试的,而脑洞大开又不被追求有条不紊的顶尖公司接纳,因为他看起来像大闹天宫的孙悟空。虽然既无名校背景,又无显赫的公司经历,但邱栋开阔的思维和对本质的洞察能力在我认识的众多研究学者和职场精英中,可以说是凤毛麟角。通过阅读《商业模式革新》一书,你会读出能将几种不同思维模式完美融合在一起的

"孙行者"式的独到见解。

  我想，对所有创业者来说，对所有渴望超额回报（几百倍、几千倍）的投资人来说，邱栋所著的《商业模式革新》都是一本可读性很强、启发性更强的作品，可做到"开卷有益"。

中航国际　王星海

2018 年 5 月

序言

追寻本质

  国家的"双创"活动方兴未艾，极大地激发了市场活力，新增企业如雨后春笋，但企业发展不能只靠科技创新，要想在产业链完备的世界500强企业的竞争夹缝中冲出重围，光靠"一招半式"远远不够，需要包括科技创新在内的整个商业模式的创新，这样才能更具有不被抄袭的可能，从而获得持久的竞争力。因此，企业急需简明实用的方法来构建商业模式。为此，我力求简明扼要地挖掘本质，希望能帮助企业像运用《孙子兵法》一样便利地把《商业模式革新》运用于商业实战。归纳起来，《商业模式革新》有3个主要贡献。

- 提出了商业模式选题式构建、量化评估的工具（方法），大大提高了企业构建具有市场竞争力的商业模式的可操作性和成功率。

- 提供了商业模式策略辞典，剖析了商业现象背后的本质和规律，增强了各种策略实施成功的概率。

- 解析了京东、亚马逊和阿里巴巴等三大互联网公司的商业模式。

《商业模式革新》里"商业模式策略辞典"中的72种策略，一部分来源于我自己过往经验的提炼，另一部分搜集自德布林公司30年工作经验的总结。《商业模式革新》尽量不去解决互联网能够解决的问题，而是重在揭示本质与规律。

我非常感谢妻子孙丽敏女士，没有她的支持，我根本没有精力和毅力完成《商业模式革新》的撰写，也感谢她在成书过程中给予的许多宝贵建议。另外，还要感谢曾经工作、"战斗"过的企业给予我的启发与教诲，使我掌握了科学分析与解决管理问题的方法，深刻理解了甲方企业在实施科学管理理念与方法上的挑战与机遇，习惯了用经营视角审视管理问题，熟悉了全球领先的管理软件，打通了IT思维……这些淬炼帮助我有幸成为一名"脑洞黑客"。

序言

《商业模式革新》里有许多口语化的表达，旨在故意打破专业光环给读者造成的距离感，使其成为容易"近身"的普及读物。

好书太难写，要写需谨慎，事实易堆砌，本质难追寻！

2018 年 5 月

前言

使用本书的"钥匙"

《商业模式革新》适用对象为投资人、创业者、不安现状的企业主及其他有实战需求的人。

不同类型的读者可将《商业模式革新》用于不同的用途。

1. 投资人

- 评估待投资项目的商业模式,作为投资决策的依据。

如果该项目抢占的是他人市场,运用《商业模式革新》找出与竞争对手的差异。

如果该项目填补的是市场空白,运用《商业模式革新》提高被抄袭的难度。

- 评估已投资项目的商业模式,并实时做出改进优化。

2. 创业者

- 构建具有竞争力的商业模式,吸引投资人。
- 审视并评估现有的商业模式,及时完善或重构商业模式,以获得长期的竞争优势。

3. 企业主

- 审视并评估现有的商业模式,及时完善或重构商业模式,促进企业成功转型。

以上阐述的是《商业模式革新》的适读对象,那么,读者该如何"阅读"这本图书呢,下面是我个人的一些见解,希望与读者共同分享。

首先,读者需掌握"商业模式的本质"。只有这样,《商业模式革新》中的72种策略才不会成为您智慧的枷锁,才会成为启发您脑洞大开的钥匙。

其次,"商业模式构建与评估"是总揽《商业模式革新》全书的点睛之笔,提供了商业模式选题式构建、量化评估的系统工具,并且向读者展示了书中的72种策略是如何组合在一起发挥作用的。

以上两章的内容是《商业模式革新》全书最最重要的部分。

再次,读者需要深刻理解每一种策略中提出的"关键成功因素"。否则,策略无法成功落地实施。每一种策略中的"案例"是为了帮助读者理解策略的定义和内涵,而非为了向您介绍最佳实践,因此,案例部

前言

分的介绍比较简洁，如果读者想了解详尽的案例，互联网能提供充足的帮助。每一种策略末尾都留有帮助您进一步思考该策略的结构性框架（源自全球顶尖咨询公司麦肯锡），请充分使用。

《商业模式革新》中的72种策略是我个人总结、提供的商业模式策略辞典，供读者备查、修改、创新之用。读者千万不要纠结《商业模式革新》中的72种策略是新是旧，是高是低，**您需要做的是如何运用"丘子画布"（本概念是我个人研究所得，供读者参考使用）组合所有可用的策略（包括书中未提及的策略）**。"招"不在炫，在于能"杀敌"，对手能看懂拆开你的每一招，却仿不了、架不住灵活组合、多变的"招"集合。

最后，读者可以通过对京东、亚马逊和阿里巴巴商业模式的比较，了解到他们在商业模式及其竞争力上的异同，我也企望一组解放思想的文章能为您更加智慧地理解"管理"而抛砖引玉。

"兵无常势，水无常形"，希望您的企业能够借助《商业模式革新》"求之于势，不责于人"。

2018年5月

目 录

推荐序 开卷有益

序 言 追寻本质

前 言 使用本书的"钥匙"

第一章 商业模式的本质
  丘子商业公理 ············· 003
  商业模式的本质 ············· 005
  商业模式与战略的关系 ············· 008

第二章 商业模式构建与评估
  丘子画布 ············· 015
  丘子量表 ············· 019
  丘子商力 ············· 021
  构建与评估流程 ············· 025

第三章　商业模式策略辞典

　　72 策图解 ································· 039
　　第一策：挟客施令 ····························· 042
　　第二策：拍卖 ······························· 046
　　第三策：捆绑销售 ····························· 050
　　第四策：分拆销售 ····························· 054
　　第五策：老药新汤 ····························· 058
　　第六策：成本领先 ····························· 062
　　第七策：黄雀在后 ····························· 067
　　第八策：灵活定价 ····························· 071
　　第九策：预收费 ······························ 076
　　第十策：免费增值 ····························· 081
　　第十一策：围点打援 ···························· 085
　　第十二策：饥饿营销 ···························· 089
　　第十三策：计量收费 ···························· 093
　　第十四策：授权许可 ···························· 097
　　第十五策：会员制 ····························· 101
　　第十六策：微交易 ····························· 106
　　第十七策：溢价 ······························ 110
　　第十八策：风险分担 ···························· 115
　　第十九策：订阅 ······························ 120
　　第二十策：平台化 ····························· 124
　　第二十一策：共享 ····························· 129
　　第二十二策：众筹 ····························· 133
　　第二十三策：联合 ····························· 139

第二十四策：兼并整合 …………………………… 144

第二十五策：特许经营 …………………………… 148

第二十六策：开放式创新 ………………………… 152

第二十七策：资源再利用 ………………………… 157

第二十八策：供应链整合 ………………………… 161

第二十九策：合伙人制 …………………………… 166

第三十策：资产标准化 …………………………… 172

第三十一策：能力聚裂变 ………………………… 176

第三十二策：分权管理 …………………………… 182

第三十三策：激励系统 …………………………… 186

第三十四策：IT 整合 ……………………………… 190

第三十五策：组织解放 …………………………… 194

第三十六策：外包 ………………………………… 198

第三十七策：O2O ………………………………… 202

第三十八策：众包 ………………………………… 208

第三十九策：流程标准化 ………………………… 212

第四十策：预测分析 ……………………………… 217

第四十一策：用户创造 …………………………… 221

第四十二策：订单驱动 …………………………… 226

第四十三策：风林火山 …………………………… 230

第四十四策：本地化 ……………………………… 234

第四十五策：柔性化 ……………………………… 237

第四十六策：定制化 ……………………………… 241

第四十七策：扩展 ………………………………… 245

第四十八策：化零为整 …………………………… 249

第四十九策：社群化 …………………………… 253

第五十策：补充服务 …………………………… 257

第五十一策：永绝后患 ………………………… 260

第五十二策：购前试用 ………………………… 264

第五十三策：忠诚计划 ………………………… 268

第五十四策：自助 ……………………………… 272

第五十五策：直销 ……………………………… 276

第五十六策：体验中心 ………………………… 280

第五十七策：交叉销售 ………………………… 284

第五十八策：认证 ……………………………… 288

第五十九策：喧宾夺主 ………………………… 292

第六十策：品牌扩展 …………………………… 296

第六十一策：品牌杠杆 ………………………… 301

第六十二策：自有品牌 ………………………… 305

第六十三策：透明化 …………………………… 310

第六十四策：价值统一 ………………………… 314

第六十五策：强制互动 ………………………… 318

第六十六策：家人化 …………………………… 322

第六十七策：体验拓展 ………………………… 326

第六十八策：授之以渔 ………………………… 330

第六十九策：人性化 …………………………… 334

第七十策：激发竞赛 …………………………… 338

第七十一策：体验简化 ………………………… 342

第七十二策：空手道 …………………………… 345

第四章 电商平台，鹿死谁手

京东、亚马逊、阿里巴巴的异同 …………… 351

京东 …………………………………………… 356

亚马逊 ………………………………………… 362

阿里巴巴 ……………………………………… 368

第五章 解放思想

"无招"胜有招 ………………………………… 379

管理还不是科学 ……………………………… 380

最佳实践并不存在 …………………………… 384

隔行不隔山 …………………………………… 387

组织能力提升规律 …………………………… 390

后 记 学习的价值

第一章
商业模式的本质

本章导读

丘子商业公理

商业模式的本质

商业模式与战略的关系

丘子商业公理

商业——以货币为媒介进行交换从而实现商品的流通的经济活动，产生的原因是社会分工的出现，我们现在俗称"做生意"。

所有商人都梦寐以求自己的生意越做越大，可为什么只有少数人能做到？没有不行的行业，只有不行的企业，精明的商人都把握了做生意的本质，遵循了"丘子商业公理"（本公理是我个人研究所得，后文的"丘子画布、丘子量表、丘子商力"等类同，供读者参考使用）。

丘子商业公理：商业的本质就是管理好企业的单位收益、单位成本、销售数量、实收率和账期。

以上5个因素称为"丘子商业公理因子"。

无论我们是做什么生意的，大到几千亿元规模的生意，小到几百元规模的生意都可以框进丘子商业公理里。这个公理用公式表示如下：

$v = f(ui, uc, s, apr, br, d)$ [1]

其中，v，表示企业的盈利，这是企业存在的基础。

ui，表示单位收益，与v值正相关，是为实现产品或服务交付而获

---

[1] 函数中的变量不完全等同于财务中的概念，详见书中对各变量的解释。

得的所有价值。从阶段来讲，包括交付前、交付时和交付后；从对象来讲，包括来自自身、来自消费者、来自合作者、来自国家（如政策补贴）等。

uc，表示单位成本，与 v 值负相关，是为实现产品或服务交付而付出的所有代价，包括企业运转所需的（包括人工、财务、在用和闲置的资产等）、付给供应商的、对付竞争对手的、与同行联盟而分担的、付给金融机构的、交给国家的（如税金）、承担社会责任的等。

s，表示销售数量，与 v 值的关系取决于单位收益与单位成本的关系。

apr，表示实收率，与 v 值正相关，等于实际收款／应收款总额 ×100%，表明企业赚到的钱是否真正到账。

br，表示银行同期存款利率，与 v 值的关系取决于实收率和账期，表明资金的时间价值。

d，表示账期，与 v 值负相关，是收款迟于投资生产时点的期限（以日为单位）。d 为正数时，使企业至少损失同期银行利息收益；d 为负数时，则至少多获得同期银行利息收益（比如实行预收费的企业——中国移动、中国联通等）。

企业所有的经营活动都是为了把 v 值做到最大，将该值做到最大的措施集合就会形成其自身所谓的商业模式。通常情况下，企业将采取各种措施、办法使丘子商业公理因子朝有利于自己的方向发展。

商业模式的本质

商业模式不是"互联网+",不是"长尾模式",不是"免费",不是"平台化"……这些都只是实现商业模式的策略。

商业模式是 BPS 策略组合[①],是企业在运营、产品(服务)、客户体验等方面一系列选择和实践的组合。

与纠缠管理概念相比,我更在意本质和规律。

所有成功的和失败的商业模式都是以价值创造机制和利益分配机制为核心,除此以外均是对这两个机制进行增强效果或支撑其实现的,其区别在于失败者的模式过于简单易于抄袭,而成功者往往能比别人多走一小步。比如,当你抄会了 1.0 版本,人家立马就推出了 2.0 版本或者它设计得极其复杂,让人不知从何抄起,怎么抄都不得要领。例如摩拜单车,模式就非常简单,领导团队如果不能不断地进行版本升级,就很容易复制,诸多竞争对手出现,终将演变成恶性竞争,"烧钱"不止,收场估计会同滴滴打车和快的打车一样。

---

① BPS 策略组合:根策略(B),起根本作用;主策略(P),起关键作用;次策略(S),起辅助作用。详见第二章"构建与评估流程"一节内容。

商业模式的本质在于立势,"先胜而后求战",也可以理解成不断地调整优化价值创造机制和与之契合的利益分配机制以达到"丘子商业公理"最大值(如图 1-1 所示)。

- 价值创造机制:包括选择为客户创造什么价值、如何产生这些价值、怎样交付到客户手中、怎样使客户充分体验等。
- 利益分配机制:包括分配对象、如何分配、分配多少等。

图 1-1 商业模式本质模型

价值创造机制、利益分配机制可以根据"七步成诗"[①]模型(如图 1-2 所示)设计而成。

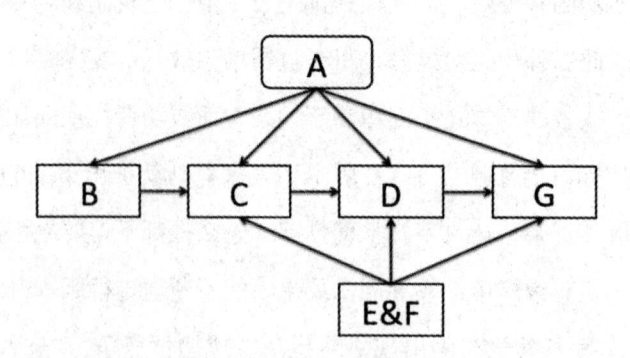

图 1-2 "七步成诗"模型

---

① 读者请勿与麦肯锡方法的"七步成诗"混淆,此"七步成诗"旨在介绍价值创造机制与利益分配机制设计的逻辑。

1. 价值创造机制设计模型

A. 为什么买单者不买别人的或替代品而买我们的。

B. 我们需要做什么。

C. 突破口在哪里。

D. 什么时机或情况下完成。

E. 怎么做。

F. 做到什么程度。

G. 哪些人做或参与。

2. 利益分配机制设计模型

A. 为什么别人愿意让我们做,而不是让我们的对手或潜在对手做。

B. 分配哪些东西,不是只有金钱才能分配的。

C. 突破口在哪里。

D. 什么时机或情况下分。

E. 怎么分。

F. 分到什么程度。

G. 哪些人应该得到分配。

价值创造机制决定了利益分配机制,利益分配机制为价值创造机制而存在,对其有一一支撑的作用。否则,体系就不会处于稳定、持续状态。

成功的企业或个人非常清楚一个道理:模式向来只能创造,不能模仿,也很难模仿会,就算模仿会了也不会出类拔萃。世上只有一个秦始皇,拿破仑也只有一个……从来就没有因为谁学谁、像谁就如何如何了得的,企业亦然。

我们可以知悉现象,在现象中把握本质和规律,以本质和规律来指导自己的实践,这样才能走出自己的康庄大道。

商业模式与战略的关系

商业模式是实现战略的路径，是战略的核心要件。所有科学的战略规划都应该包括商业模式的设计，而商业模式深受环境分析和战略选择的影响，随着战略的变化而变化，如图1-3所示。

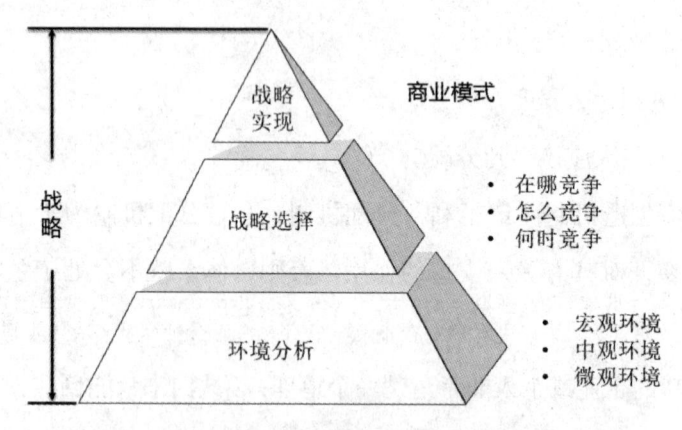

图1-3 商业模式与战略的关系

环境分析是挖掘市场痛点的最佳途径，准确把握市场痛点是强大的商业模式构建的起点。由此可见环境分析是何等重要，它的偏差将使企业的商业模式设计事倍功半。现实中，对环境的分析存在很大的误区，致使商业模式价值锐减。

第一章 商业模式的本质

环境分析的误区：只找到行业的发展趋势，而未洞察形成趋势背后的决定性力量。趋势只是现象级的认知，不足以用于指导企业实践。环境分析应该找到形成趋势背后的决定性力量，以确定趋势还能保持多久、什么情况下会发生变化、转折点在哪里等。

如何才能找出趋势背后的决定性力量？表1-1提供了企业发展的内外部决定性力量的种类及分析工具。

表1-1　　　　　　　　企业发展的内外部决定性力量的种类及分析工具

企业发展的内外部决定性力量	可用的分析工具
宏观，推动产业变化的外部力量	PESTEL 分析模型[1]
中观，催化产业的内生力量	SCP 模型[2] 波特五力模型[3]
微观，刺激企业的内在动力	竞争对手评估[4] IFE 矩阵[5]

---

[1] 又称大环境分析，是分析宏观环境的有效工具，不仅能够分析外部环境，而且能够识别一切对组织有冲击作用的力量。包括六大因素：政治因素（Political）、经济因素（Economic）、社会因素（Social）、技术要素（Technological）、环境因素（Environmental）和法律因素（Legal）。

[2] 该模型提供了一个既能深入具体环节，又有系统逻辑体系的市场结构（Structure）—市场行为（Conduct）—市场绩效（Performance）的产业分析框架。其基本含义是：市场结构决定企业在市场中的行为，而企业行为又决定市场运行在各个方面的经济绩效。

[3] 该模型认为行业中存在着决定竞争规模和程度的五种力量，这五种力量综合起来影响着产业的吸引力以及现有企业的竞争战略决策。五种力量分别为同行业内现有竞争者的竞争能力、潜在竞争者进入的能力、替代品的替代能力、供应商的讨价还价能力、购买者的讨价还价能力。

[4] 分析对手在做的事情，是什么力量在驱使对手这样做，同时找出受同样力量驱动的其他不相关行业。

[5] 从优势和劣势两个方面找出影响企业未来发展的关键因素，根据各个因素影响程度的大小确定权数，再按企业对各关键因素的有效反应程度对各关键因素进行评分，最后算出企业的总加权分数。通过IFE，企业就可以把自己面临的优势和劣势汇总，刻画出企业的全部力量。

> **举例**

管理咨询公司如何通过环境分析找出市场痛点,从而构筑起强大商业模式的基础?

运用 PESTEL 分析模型、SCP 模型、波特五力模型、竞争对手评估、IFE 矩阵等分析工具进行大量的分析、研究后,我们发现信息技术、客户竞争关系、人才发展特点是决定咨询价值最重要的力量,此处省略冗长的分析过程,如表 1-2 所示。

表 1-2　　　　　　　　　　　　　　　　　　　　　　　咨询价值决定性力量分析

分析维度	使用的分析工具	决定性力量
宏观,推动产业变化的外部力量	PESTEL 分析模型	信息技术
中观,催化产业的内生力量	SCP 模型 波特五力模型	客户竞争关系
微观,刺激企业的内在动力	竞争对手评估 IFE 矩阵	人才发展特点

1. 信息技术

信息技术推动人类社会从信息制胜时代来到信息过剩时代。过去,我们可以依靠信息垄断获得竞争优势(宏观环境、微观环境、先进的方法论),而现在的信息公开、透明、共享,几乎所有人都能掌握到趋势这一层面。

2. 客户竞争关系

客户公司之间的竞争,从原来的竞争边界清晰、依靠专注获胜到现在边界日益模糊、需要跨界才能生存。明智的客户往往不会停留在借鉴领先企业的过去而预测自己的未来,而是要基于一个经得起推敲的"无先例",主动改变现在、实现未来。

3. 人才发展特点

信息技术、客户竞争关系这两项环境因素为咨询顾问的成长提供了条件，也提出了新要求，促使咨询顾问的成长速度从加法变成乘法或乘方。从程序化、标准的方法论到奇兵制胜原则；从重规划轻实施到规划与实施并重。

在此分析基础上，可以得到管理咨询公司的市场痛点：

- 客户不会为信息、"漂亮"模板、先进方法论买单。
- 想要独占鳌头的客户不会为"专注"或"专业"买单。
- 客户需要多专业、多行业、多角色的复合型思维咨询顾问。

仔细想来，管理咨询巨头麦肯锡喜欢招聘一些非相关专业、非相关行业、非相关经验的人才也确实有一定道理。

市场痛点明确后就有了构筑强大商业模式的基础，但人们往往凭借模仿和经验积累构建商业模式，不是毫无建树，就是被迅速抄袭，到底如何才能有质的突破？怎样才不容易被模仿？后面的章节将会给读者提供参考答案，不过，悟重于习。

"以正合、以奇胜"。

第二章
商业模式构建与评估

本章导读

丘子画布

丘子量表

丘子商力

构建与评估流程

丘子画布

丘子画布用于构建企业的商业模式，为企业立势，包含价值创造机制、利益分配机制，如表2-1所示。

价值创造机制包括供需匹配度（卖点与市场痛点匹配度）、业务、盈利模式、合作关系、结构、流程、服务、渠道、品牌、消费者互动等10项，各项称为"丘子要素"，每一个丘子要素又有若干策略与之对应。

利益分配机制包括收入来源、结构、账期和投入成本、结构、账期。

表 2-1　　　　　　　　　　　　　　　　　　　　　　　　　　丘子画布

市场痛点	卖点	盈利模式	服务	收入来源、结构、账期
		合作关系	渠道	
业务		结构	品牌	投入成本、结构、账期
		流程	消费者互动	

价值创造机制

市场痛点，目标客户的需求。

卖点，产品或服务为目标客户提供的价值。

业务，企业向目标市场提供什么产品或服务，商业模式策略辞典中的第四十六策～第四十八策可用于此。

盈利模式，将价值转化为利润的方法，商业模式策略辞典中的第一策～第二十一策和第七十二策可用于此。

合作关系，利用他人或被他人利用来创造价值，商业模式策略辞典中的第二十二策～第二十八策可用于此。

结构，企业资产的性质和组织方式，商业模式策略辞典中的第二十九策～第三十六策可用于此。

流程，独特运营，商业模式策略辞典中的第三十七策～第四十五策可用于此。

服务，支撑和扩大产品价值，商业模式策略辞典中的第四十九策~第五十四策可用于此。

渠道，将价值传递给客户，商业模式策略辞典中的第五十五策~五十七策可用于此。

品牌，设计和表达客户接触点，商业模式策略辞典中的第五十八策~六十四策可用于此。

消费者互动，利用对客户深层次的见解发展与客户的关系，商业模式策略辞典中的第六十五策~第七十一策可用于此。

利益分配机制

收入来源、结构、账期，由价值创造机制决定，来源包括目标市场、供应商、渠道、竞争对手、合作伙伴等。来源越多越好，不同来源的比重越均匀越好，账期按日计算，越短越好，这意味着企业钱来得多、来得稳、来得快。

投入成本、结构、账期，由价值创造机制决定，来源包括人、财、物等。可变成本比重越高越好，账期按日计算，越长越好且不超出合理范围，这意味着企业花钱稳、花钱慢。

价值创造机制与利益分配机制诠释了企业立势的全景图：势基、势起和势立，如图 2-1 所示。

势基：是企业经营的源头、商业模式的开端，是价值创造机制中的供需匹配度（卖点与市场痛点匹配度）、业务。

势起：是企业立势的关键所在，商业模式的主体内容，是价值创造机制中的盈利模式、合作关系、结构、流程、服务、渠道、品牌、消费者互动，囊括了企业崛起所需的全部关键因素。

势立：是企业是否能立起来的标志，也是维持"势起"的要件，是利益分配机制，包括收入来源、结构、账期和投入成本、结构、账期。

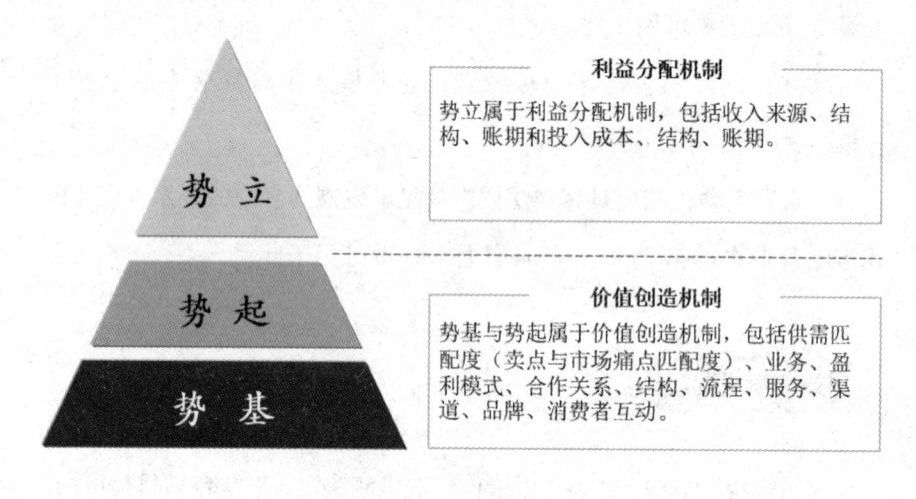

图 2-1　企业立势全景图

丘子量表

丘子量表用于评估企业的商业模式,实现数学计量,以明晰市场竞争力,如表 2-2 所示。

价值创造机制是商业模式的核心,决定了利益分配机制的状态。因此,评估商业模式的核心任务就是评估其价值创造机制,即供需匹配度、业务、盈利模式、合作关系、结构、流程、服务、渠道、品牌、消费者互动。

供需匹配度即卖点与市场痛点匹配度,产品或服务的卖点满足市场痛点的程度。

其余丘子要素中的策略均按照"价值 × 可行性"计分。

价值:0~10 分,用以计量策略为企业创造的价值大小。

可行性:0~100%,用以计量成功实施相应策略的概率。

表 2-2　　　　　　　　　　　　　　　　　　　　　　　　　　丘子量表

		丘子商力
	供需匹配度	%
丘子要素及其策略	价值（分）	可行性（%）
业务		
盈利模式		
合作关系		
结构		
流程		
服务		
渠道		
品牌		
消费者互动		

丘子商力

1. 丘子商力计算公式

丘子商力表明了一个企业的商业模式的竞争力，也决定了企业的盈利能力[①]。丘子商力越强，则企业的盈利能力越强；反之，则弱。

计算公式如下：

$$S = M \times \sum_{i=1}^{n}(V_i \times F_i)$$

S，表示丘子商力得分，四舍五入取整数。

M，表示供需匹配度。

n，表示策略数量。

V，表示价值。

F，表示可行性。

2. 丘子商力评级体系

丘子商力共设七大等级，分别为 AAA、AA、A、BBB、BB、B 和 C，详见表 2-3。

---

① 主要指净利润和净利润率。

表 2-3　　　　　　　　　　　　　　　　　　　　丘子商力评级表

基准得分	主要评级	定义
180	AAA	商业模式无双，盈利能力超强
150	AA	商业模式首屈一指，盈利能力极强
120	A	商业模式少有，盈利能力很强
90	BBB	商业模式不易模仿，盈利能力强
60	BB	商业模式易模仿，盈利能力弱
30	B	商业模式千篇一律，盈利能力很弱
15	C	不存在真正意义的商业模式
—	N	未获得评级

BBB 级及以上的企业，商业模式具有竞争力，盈利能力不错，属于"投资级"。其中，AAA 级的商业模式极强，为最高评级。BBB 级以下，商业模式的竞争力比较弱，不适宜投资。

180 分及以上均为 AAA 级，15 分及以下均为 C 级。

AA 级至 B 级可加上"+"或"-"，表示评级在各主要评级分类中的相对强度。

- 与基准得分相差 5 分（含）之内为相应的主要评级。
- 高于基准得分 5 分（不含）~15 分（含）可在主要评级后加上"+"，但对于 AA 级，156 分 ~179 分均为 AA+。
- 低于基准得分 5 分（不含）~15 分（不含）可在主要评级后加上"-"。

例如，当丘子商力为 95 分或 85 分时，其评级为 BBB；丘子商力为 100 分时，其评级为 BBB+；丘子商力为 105 分时，则其评级为 A-。

公开信息评级用"pi"表示，通过在评级符号后标注"pi"表示该评级是使用已公开的财务资料或其他公开信息作为分析的依据,并未与该公司的领导层进行深入的讨论或全面考虑其重要的非公开资料。因此,这类评级所依据的资料不及全面的评级完整。

此外,还可以对各企业评级进行评级展望和短期观察[①]。评级展望评估企业商业模式的潜在变化方向,一般为6个月至2年。展望可以是正面、负面、稳定和待定。其中,"正面"表示评级有上升趋势,"负面"表示有下降趋势,"稳定"表示基本不会改变,"待定"表示有待决定。短期观察则主要评估短期内可能出现的评级变化,一般为90天。短期观察也分为正面、负面和待定。"正面"表示可能调升评级,"负面"表示可能调低评级,"待定"表示有待决定。

丘子商力递减规律

企业建立一定的商业模式后,如果不做任何改进,将呈现丘子商力逐年递减的趋势,程度在5%以上。原因在于随着时间的流逝,竞争对手会不断进步,客户期望会不断提高,企业早些时候获得的优势将逐渐消逝。

---

① 评级展望和短期观察都是对趋势的评估,本书中未应用于该章节或其他章节的评级案例中,所以未出现正面、负面、稳定或待定的评级标识。

商业模式革新

> **实践指导**

1. 给投资人的建议

- A 及以上，积极投资，并关注投资后管理。

- BBB，可投资，并时刻关注投资后管理，尤其是商业模式的变化趋势。

- BB，谨慎投资，要么能帮助其升级已有的商业模式，要么出于特殊目的。

- B 及以下，放弃，即使短期内看起来模式新颖、技术领先，但很快会陷入无休止地"烧钱"泥潭。

两点忠告：① 勿将投资后管理局限于公司治理和财务层面，应扩展至企业经营管理的方方面面。② 勿要依据行业、政策、市场、团队和尽职调查结果进行投资。在我个人看来，没有烂行业只有烂企业。另外，有能做尽职调查的，就有能帮助企业做反尽职调查的，依据这些去投资，成功率极低，只投 Pre-IPO 项目的除外。

2. 给创业团队的建议

- A 及以上，勿停留在思想、口头层面，全面付诸实施。

- BBB，持续改进，促使商业模式正向发展。

- BB，升级，抓紧升级已有的商业模式。

- B，不能升级就放弃，无论技术有多先进。

第二章 商业模式构建与评估

构建与评估流程

> 流程

七大步完成商业模式的构建与评估，如图 2-2 所示。前五步和第七步需要充分运用丘子画布，第六步需充分运用丘子量表和丘子商力。

（一）分析市场痛点

若想胜人一筹，建议使用第一章"商业模式与战略的关系"一节中提到的环境分析方法。

1. 保持足够广阔的视野，不必墨守显而易见的市场边界。比如做饮料的就不应该只思考消费者的偏好，瓶装企业、流通企业都应是其考量的市场。

2. 思考客户应该得到什么，别问客户要什么。人们并没有自己想象的那样了解自己的需求。

从实践来看，痛点的发现还有其他方法，可以来自于社会学家、人类学家的研究及市场调研结果甚至天才的设想，也可以借助一个叫"移情图"[①]的工具。

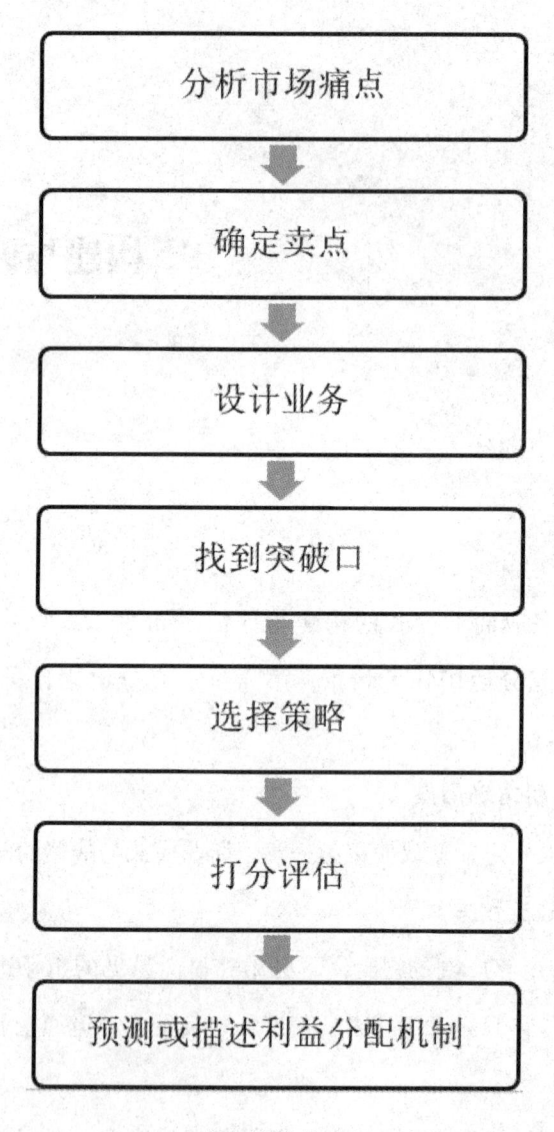

```
┌─────────────────────────┐
│      分析市场痛点       │
└─────────────────────────┘
            ↓
┌─────────────────────────┐
│       确定卖点          │
└─────────────────────────┘
            ↓
┌─────────────────────────┐
│       设计业务          │
└─────────────────────────┘
            ↓
┌─────────────────────────┐
│      找到突破口         │
└─────────────────────────┘
            ↓
┌─────────────────────────┐
│       选择策略          │
└─────────────────────────┘
            ↓
┌─────────────────────────┐
│       打分评估          │
└─────────────────────────┘
            ↓
┌─────────────────────────┐
│  预测或描述利益分配机制 │
└─────────────────────────┘
```

图 2-2　商业模式构建与评估流程

[①] 由 XPLANE 公司开发，该设计帮助企业以消费者需求为出发点，深入了解消费者，可以帮助企业更加清晰地分析出消费者最关注的问题，从而找到更好的解决问题的方案。

在环境没有那么复杂的情况下，我推荐使用一种简便方法——"四维法"，如图2-3所示，在这基础上增加一点战略想象力也可以较准确地把握市场痛点。

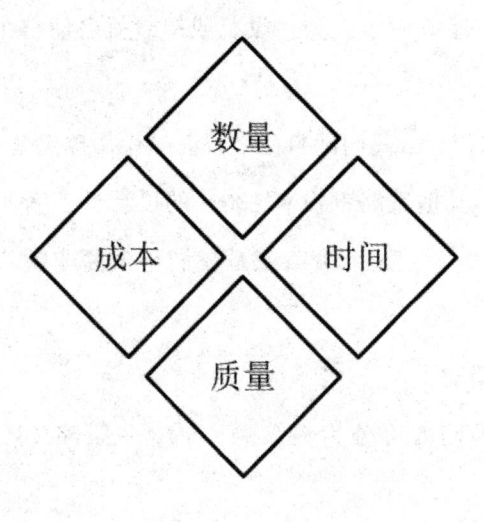

图2-3　四维法

不管我们的产品或服务是B2B、B2C还是别的什么，客户的需求大都逃不出数量、质量、时间、成本这四个方面，只是具体内涵有所差异，万变不离其宗。

需要注意的是：市场痛点随着时间的推移、竞争对手的行为等会发生变化，每个企业至少3~5年就应当重新审视市场痛点的变迁。

（二）确定卖点

确定卖点这一过程实际上是企业选择目标客户的过程。企业必须根据自身条件和想要取得的市场地位来确定自己提供什么样的卖点。当然，最理想的情况是100%满足市场痛点。

（三）设计业务

设计业务指基于卖点决定提供什么样的产品或什么样的服务。

(四)找到突破口

找出起根本作用的策略，它决定了整个商业模式能不能"玩"起来。不论什么类型的企业采取什么样的商业模式都有其存在的根本，就像毛存于皮，能源对于人类，没有或损毁就会使整个模式黯然失色或毁灭。

具体方法可以是：我们问自己"没有这个策略会怎样"，如果答案是"几乎所有的其他策略都没有100%的可行性或者不会诞生那么多可行的策略"，那么，这个策略就是我们整个商业模式起根本作用的策略。

(五)选择策略

策略按重要程度可分为根策略（B）、主策略（P）、次策略（S）三类[①]。

B：起根本作用，决定了所有策略能否奏效，在特定的商业模式下往往只有一策。

P：起关键作用，决定了企业的市场竞争力和被抄袭的难度，常常同企业的收入或成本直接相关。在特定的商业模式中，占策略数量总和的比重越大越好。

S：起辅助作用，为企业锦上添花，短期缺失或不足不至于带来灭顶之灾，常常为强化主策略（P）的效果而存在。在特定的商业模式中不能没有，也不能太多，一般不超过主策略（P）数量的一半。

选择的原则是策略越多越好，越可行越好。策略选完模式即成，直观上来看，BPS策略组合就是商业模式。

比较便捷的做法是对照"商业模式策略辞典"，给丘子画布中的每个丘子要素做选择题，每个丘子要素都对应了书中的一些策略。当然，

[①] 同样的策略对于不同的企业的重要程度，可能大不相同。

也不应该忽略书中未记录的策略。

（六）打分评估

供需匹配度，匹配度区间为 0~100%，完全匹配计 100%。其余丘子要素中的每一策均按照"价值 × 可行性"计分。

运用丘子量表先评估策略的价值，再评估策略的可行性。然后，根据丘子商力计算公式和丘子商力评级体系便能确定企业商业模式的等级。

1. 对价值的评估

（1）选取参照系

- 竞争对手。只做特定比较时选取。比如，我们只是想知道自己与业内第一的企业差距是多少。

- 客户预期。需要做整体比较时选取。比如，我们想知道在目标市场中自己是否具有足够的、持久的竞争力。

（2）打分

以竞争对手为参照系时，比较的是在各策略上获得的利益或付出的代价。如果我们获益更高或成本更低，则比对手强；反之，则弱。

- 0 分表示比竞争对手差很多或远低于客户预期。
- 5 分表示与竞争对手相当或达到客户预期。
- 10 分表示比竞争对手强很多或远高于客户预期。
- 其他情况鉴于这 3 个分值之间。

2. 对可行性的评估

（1）确定情境

- 描述现状，分析企业现有的商业模式。
- 设计未来，设计企业将去努力实现的商业模式。

（2）打分

- 对于分析现有的商业模式，可行性都是100%。因为策略已经得以实施，不具可行性的策略也不会出现。
- 对于设计未来的商业模式，可行性除了策略本身，还受制于企业人、财、物等约束条件。若能满足所有条件，则可行性为100%；否则，可以根据实际情况估计一个概率。

（七）预测或描述利益分配机制

预测或描述利益分配机制指预测或描述收入来源、结构、账期和投入成本、结构、账期。

举例

某投资人拟筹建一家生产家用可食级洗涤剂的公司S，现需构建有竞争力的商业模式。

（一）分析市场痛点

1. 洗涤剂

- 清洁力度。洗得够不够干净？费不费力气？
- 安全性。如果有洗涤剂残余，危害会多大？

2. 容器

- 存储便利性。一般放在厨房，这种环境多油烟、易脏。
- 使用便利性。现有的设计不是挤压就是按压。挤压的设计是脏手、净手捏同一位置；按压的设计体积大，占用厨房空间，清洁工作量加大。

（二）确定卖点，形成卖点与市场痛点匹配度

发现企业有条件满足市场痛点，在相应的格中子里打"√"。遂为

100%的匹配度。

（三）基于卖点设计业务

1. 生产、销售餐具洗涤剂，使用卓越产品策略（P）。

2. 生产、销售洗涤剂容器，使用卓越产品策略（P）、补充策略（P）。

（四）找到突破口

S公司的突破口是有专利保护的洗涤剂及其容器。知识产权策略是该商业模式的根策略（B）。

（五）盈利模式

使用黄雀在后策略（P）、溢价策略（P）、授权许可策略（P），以降低企业成本并同时提高利润水平。

（六）合作关系

使用联合（互补）策略（P）、特许经营策略（P），以快速打开市场、快速回笼资金。

1. 和大型商超企业合作，成立一家合资公司，贴对方的牌子，出自己的技术，利润平分。这样一来，市场快速打开了。

2. 允许渠道加盟，化解因追求规模经济带来的资金压力，收一些加盟费的同时铺一些货给加盟商以回笼资金。

（七）结构

使用融资租赁策略（P）[①]，缓解现金流压力，降低经营风险。

（八）流程

使用知识产权策略（B），防止洗涤剂和容器被仿制，也可以将容器作为产品销售给非食用级洗涤剂生产厂家。

---

① 以租代购，获得使用权。此策略未在"商业模式策略辞典"中介绍，旨在提醒读者不要被本书中的辞典禁锢自己的智慧。

（九）服务

使用自证清白策略（S）[①]、购前试用策略（S）。视频直播或不间断录像加上让客户试用以证明自己产品所提供的价值物超所值。

（十）渠道

使用"按需"策略（P）[②]。模仿制水机，在大型居民社区安置设备，提供消费者投币自取业务以降低渠道费用。

（十一）品牌

使用认证策略（S）、透明化策略（S），以先发优势成为"食用级清洁用品"代名词，快速形成行业标准。

（十二）消费者互动

使用家人化策略（S），增加真实有效的客户黏度。

完成以上12个步骤，商业模式的设计工作就算结束了。

S公司最终构建的商业模式如表2-3所示。

表2-3　　　　　　　　　　　　　　　　　　　　　　　S公司的商业模式

市场痛点	卖点	盈利模式	服务
洗涤剂不够安全、清洁力度不够强	√	黄雀在后 溢价 授权许可	自证清白 购前试用
储存洗涤剂的容器不便于存放和使用	√	合作关系	渠道
		联合（互补） 特许经营	按需

[①] 用客户相信的手段证明自己的承诺。此策略未在"商业模式策略辞典"中介绍，旨在提醒读者不要被本书辞典禁锢自己的智慧。

[②] 随时、随地交付任意数量的产品或服务。此策略未在"商业模式策略辞典"中介绍，旨在提醒读者不要被本书辞典禁锢自己的智慧。

续表 2-3

业务	结构	品牌
生产、销售餐具洗涤剂 生产、销售洗涤剂容器 卓越产品、周边产品	融资租赁	认证 透明化
	流程	消费者互动
	知识产权	家人化

通过评估客户预期和组织内部能力得出S公司的丘子商力为AA-，极具市场竞争力，应立即采取行动，详情见表2-4。

表 2-4　　　　　　　　　　　　　　　　　　　　　　　S 公司的丘子量表

		丘子商力 136
	供需匹配度	100%
丘子要素及其策略	价值（分）	可行性（%）
业务	卓越产品	6	100%
	周边产品	6	100%
盈利模式	黄雀在后	8	100%
	溢价	8	100%
	授权许可	8	100%
合作关系	联合（互补）	10	100%
	特许经营	10	100%
结构	融资租赁	10	50%
流程	知识产权	10	100%
服务	自证清白	10	100%
	购前试用	10	100%
渠道	按需	10	100%
品牌	认证	10	100%
	透明化	10	100%
消费者互动	家人化	10	100%

　　基于该模式，S 公司的利益分配机制（计量周期为年）最接近以下情况，如表 2-5 所示，整体情况乐观，收入多源且比例较均匀，成本又多为可变成本，收入的账期大多短于投入的账期。

表 2-5　　　　　　　　　　　　　　　　　　　　S 公司的丘子画布

市场痛点	卖点	盈利模式	服务	收入来源、结构、账期		
洗涤剂不够安全、清洁力度不够强	√	黄雀在后 溢价 授权许可	自证清白 购前试用	合作伙伴	26%	45
				消费者	25%	20
		合作关系	渠道	渠道	22%	30
储存洗涤剂的容器不便于存放和使用	√	联合（互补）特许经营	按需	竞争对手	15%	-365
				优惠政策	12%	365
业务		结构	品牌	投入成本、结构、账期		
生产、销售餐具洗涤剂 生产、销售洗涤剂容器 卓越产品、周边产品		融资租赁	认证 透明化	固定成本	37%	365
		流程	消费者互动	材料	35%	40
		知识产权	家人化	人工	28%	30

第三章
商业模式策略辞典

本章导读

72策图解
第一策：挟客施令
第二策：拍卖
第三策：捆绑销售
…………

第三章 商业模式策略辞典

72策图解

商业模式策略辞典包含72策,与丘子要素相对应,涉及盈利模式、合作关系、结构、流程、业务(产品)、服务、渠道、品牌、消费者互动等9个方面,如图3-1所示。后文将从各种现象出发,描述各种商业模式的创新策略,并深入剖析其本质和规律,帮助企业掌握运用的诀窍,从而开创出自己独树一帜的新局面。

每种策略都包含定义、案例、关键成功因素和写下您的思考四大部分内容,有些策略还含有变相实践。

定义:向读者介绍策略是什么。

案例:现象级的认知。帮助读者进一步理解策略的定义和内涵,但不是为了讲解最佳实践,所以并不详尽,也不应该成为读者关注的重点。

关键成功因素:本质级的认知。揭示策略能够成功的条件,达不到其中的条件,企业就会"画虎不成反类犬",读者应该给予重点关注。

变相实践:对"关键成功因素"的补充,是相应策略的变相做法,也是读者应该给予重点关注的内容。

写下您的思考:为读者提供了一个结构化思考的框架,启发读者思考是否需要运用相应策略以及如何具体运用，包含事实区域、解释区域、行动区域、结论。

- 事实区域：写下企业面临的实际情况。
- 解释区域：写下出现这种实际情况的原因。
- 行动区域：针对原因提出解决措施。
- 结论：采用或不采用相应策略。一般情况下，如果采用是因为该策略能使丘子商业公理因子朝对企业有利的方向发展。

各行各业的市场领导者都是通过策略组合来获得长期竞争优势的，不存在一招鲜、吃遍天。这72策供读者备查、修改、创新之用，千万不要纠结是新是旧，是高是低，您需要做的是组合所有可用的策略，包括未提及的策略，让对手仿不了、架不住。

第三章 商业模式策略辞典

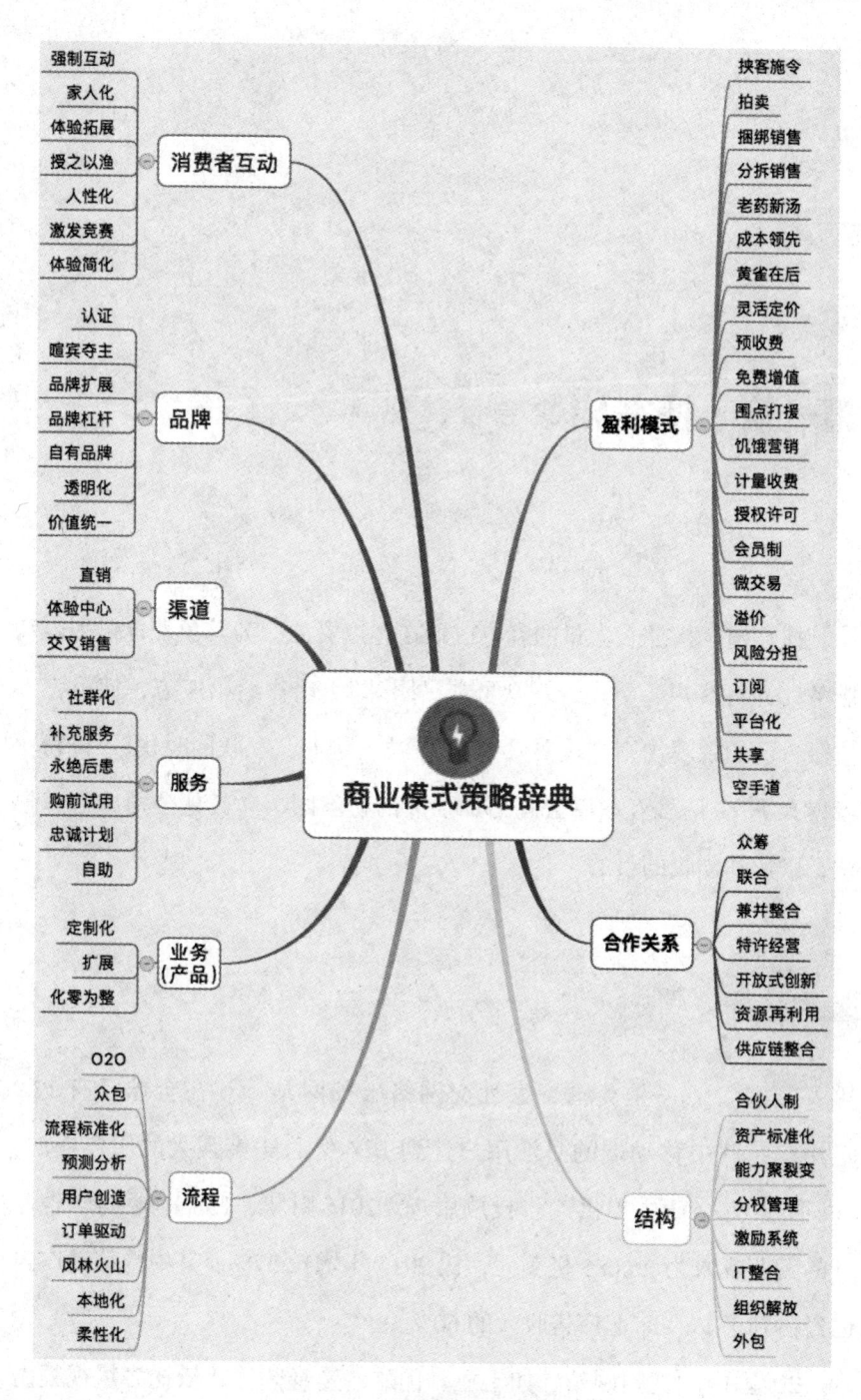

图 3-1 商业模式策略辞典

041

商业模式革新

第一策：挟客施令

挟客施令指拥有大量的客户或潜在客户资源，为其免费提供内容和服务，并将客户（听众、观众群或"眼球"）出售给第三方，使第三方按照自己的游戏规则"玩耍"，从中获益。例如，互联网时代，"得粉丝者得天下"，诸多互联网公司借助强大的粉丝团，向其他公司出售广告位，以达到创收的目的。

案例

1. Facebook 是美国一家社交网络服务网站。其在全球已有 17.9 亿用户，其中移动端的月活用户达到 16.6 亿。凭借强大的用户资源，Facebook 为企业主提供广告投放服务。2016 财年，Facebook 的广告业务的营业收入为 268.85 亿美元，比 2015 年增长 57%，其中的移动广告已经占到了 Facebook 广告收入的 60%。

2. 国内的视频网站，如土豆、优酷、爱奇艺等，依托海量视频内容及用户、优质流量资源，结合企业主行业特点，为企业主提供跨平台、多终端的网络推广服务。如用户在看电影、电视剧等之前，不是会员的话就会被强制观看一些广告，有些电视剧的中间也会插播广告。这种策略是通过向用户提供免费内容吸引粉丝，从而获取流量资源，然后进行广告植入，赚取广告主的钱。随着人工智能与大数据的结合，这种广告投放的效果将越来越精准，成就广告主的同时，也成就了视频网站，广告收入是目前视频网站的核心收入之一。

关键成功因素

1. 挟客施令策略适用于拥有广大流量、客户、粉丝的企业或个人，通过流量来变现。

2. 想清楚收费模式。对谁免费，找谁要钱？在哪免费，在哪收钱？基本规则是谁更有钱找谁收钱。相对于每一个消费者而言，企业更有钱，所以向消费者免费，为连接企业和消费者而向企业收钱可能更明智。

3. 为用户提供的免费内容有足够的吸引力。谁是被免费的群体，我们就讨谁的欢心。要防止的陷阱是关注有没有用而忽略有没有吸引力，其实很多"没用"的内容也许更有吸引力。

4. 消费者为免费付出的代价相对于获得的价值小。人人痛恨广告，但几乎每个人都迷于电影或电视剧，看电影或电视剧带来的价值远比看广告付出的代价要大得多。

变相实践

1. 接近免费的做法也是可以考虑的。比如新单免前单，如果是100%利润的产品或服务很划算，可以既获得前单资金的使用周期又提高库存周转率。

2. 约定免费期。放得长线，钓得大鱼，在免费期间勾起消费者的欲望，使其欲罢不能。不是对自己的产品或服务有绝对的信心，就得做到消费者可以不伤脸面地离开。否则，按我们中国人的性格也不好意思去免费"白吃白喝"，企业也就无法让消费者试用，达不到宣传的目的。

写下您的思考

论点： 您的企业或您所在的企业应该使用该策略吗？
结论： Yes / No

事实区域
（列示企业目前的主要矛盾）

解释区域
（用"五个为什么"进行思考和判断）

～～～～～～～～～～～～～～～～～～～～～～～～～～

～～～～～～～～～～～～～～～～～～～～～～～～～～

～～～～～～～～～～～～～～～～～～～～～～～～～～

～～～～～～～～～～～～～～～～～～～～～～～～～～

～～～～～～～～～～～～～～～～～～～～～～～～～～

行动区域
（用"看得见的语言"描述行动方案）

～～～～～～～～～～～～～～～～～～～～～～～～～～

～～～～～～～～～～～～～～～～～～～～～～～～～～

～～～～～～～～～～～～～～～～～～～～～～～～～～

～～～～～～～～～～～～～～～～～～～～～～～～～～

～～～～～～～～～～～～～～～～～～～～～～～～～～

商业模式革新

第二策：拍卖

拍卖指由市场通过竞争方式为企业的产品或服务定价。拍卖有利于了解用户的心理价格预期，运用市场手段确定最高价，把产品或服务交给那个最想得到它的人手中。

案例

1. 我们熟悉的新闻联播在结束后的黄金时间广告位就是采用拍卖形式出售的。大家耳熟能详的搜索引擎公司百度、Google 等，竞价排名都是其首屈一指的收入来源。

2. 许多企业通过拍卖处理过多的库存。比如 uBid 为索尼、惠普等企业每年都组织几次处理库存的拍卖，而通用汽车公司则每年利用网上拍卖来处理更新换代的旧机器。这种途径比常规处理方式收益更大，而且节省了很多时间。对于拍卖的产品或服务，有些人认为还很不错，有些人却可能认为应提供更大的折扣，不同竞拍者天差地别的估价可以给拍卖方带来可观的收益。

3. 畅想一下，游戏公司可以将游戏中的道具冠名权拍卖给线下的品牌。比如，住店可加满主人公的精气神，店名可以是如家或是莫泰；加血的道具可以是红牛，也可以是加多宝；穿的装备可以是美特斯邦威或者阿迪达斯。

关键成功因素

1. 稀缺性被市场认可。比如，摇滚天王迈克尔·杰克逊的衣物就价值连城，他用他的表演愉悦着、激励着巨量的粉丝、追随者，对这些人而言，睹物思人，因此，他的衣物价值就不一般。大家不要以为只有比较特殊的商品具有稀缺性，价格足够低的同质化产品也是一种稀缺，因为质量相当、价格很低的商品同样极少。

2. 合理定价缺乏参照系。掠夺性定价（排挤竞争对手）和限制性定价（防止潜在竞争对手）都不合适。

3. 价值预期明显。不见兔子不撒鹰，消费者已经越来越精明了，糊弄人可不行。

拍卖策略就是允许市场和用户为产品或服务定价，它不局限于现场竞拍，只要是需要客户竞价的产品或服务的任何方式都属于这种策略。

商业模式革新

写下您的思考

论点： 您的企业或您所在的企业应该使用该策略吗？

结论： Yes / No

事实区域
（列示企业目前的主要矛盾）

解释区域
（用"五个为什么"进行思考和判断）

行动区域

（用"看得见的语言"描述行动方案）

第三策：捆绑销售

捆绑销售指把两种或者两种以上可以单独出售的产品或服务捆绑在一起销售。比如，你可以要求客户买西瓜的时候必须买番茄。大多数情况下，我们都要把一个很好卖的产品或服务捆绑在一些滞销的产品或服务上，以实现整体利益最大化或某种战略意图，而不是单品利益。将产品和服务捆绑后以单一价格销售能减少客户和卖家的交易成本，并且，很多研究也表明：当附加价值高的产品特征和服务被捆绑销售的时候，人们对于其价格敏感性也会有所降低。

案例

1. 国内的超市随处可见商品组合，洗发水+护发素，香皂+香皂盒等。还有电信运营商，开展0元购机，买来的iPhone或其他手机捆绑使用特定号码一段时间和固定的月消费金额。某些跨国软件巨头在中国卖本地部署的管理软件时也会捆绑一些云服务产品。

2. 微软也经常使用捆绑销售策略，通过把几种流行软件捆绑销售，可以获得丰厚的利润。不过，微软也曾经因为把浏览器捆绑在操作系统上销售遭到美国政府的反垄断制裁。

3. 各种消费套餐。比如，旅游度假套餐，高端套餐可以捆绑高星级酒店、导游、高尔夫、专车接送等服务，标准套餐只捆绑经济型酒店、普通价格餐饮等服务。通过捆绑不同的产品或服务，满足不同的细分市场的需求。

关键成功因素

1. 捆绑销售适用于降低滞销品库存或推销新产品。捆在一起的产品或服务应当一主一次或一主多次，主的应该是已经获得市场认可的产品或服务，次的最好是用于培养消费者新使用习惯的产品或服务。如果搭出去的产品或服务不好的话会有反噬效果，尤其是那种客户根本用不到的产品或服务会使其心生厌恶。比如，我们是生产洗衣粉的，如果联系上其他滞销脸盆的厂家，将脸盆捆绑在大袋装洗衣粉上兜售就很划算。没错，捆绑的不一定是自家的产品。

2. 独立且互补。相互捆绑的产品或服务能够单独销售，而且具有互补性更好。否则，就只是一般的促销。比如，卖方便面时捆绑一个塑料碗，碗能不能达到国标的食用等级要打上一个大大的问号，如果面并没有加价还好些，要是加了价很难售卖出去，没有多少消费者愿意单独购买塑料碗。

3. 在具有垄断地位的产品或服务上进行捆绑销售需谨慎。虽然这方面管理得还不太严格，但随着市场经济越来越成熟，这样做会有很大风险的。毕竟竞争对手那么多，很容易被其举报，届时真是"偷鸡不成蚀把米"了。

商业模式革新

> **写下您的思考**

论点： 您的企业或您所在的企业应该使用该策略吗？
结论： Yes / No

事实区域
（列示企业目前的主要矛盾）

~~~~~~

~~~~~~

~~~~~~

~~~~~~

~~~~~~

~~~~~~

解释区域
（用"五个为什么"进行思考和判断）

~~~~~~

~~~~~~

~~~~~~

~~~~~~

第三章　商业模式策略辞典

行动区域
（用"看得见的语言"描述行动方案）

商业模式革新

第四策：分拆销售

分拆销售指可以发挥完整功能的产品或服务通常可以被分拆成耐用品和易耗品单独出售，消费者自行选择购买。分拆销售策略是与捆绑销售策略正好相反的一种策略。

案例

1. 打印机，机身便宜、原装硒鼓贵，如果我们不用原装的，厂家可能不负责保修。作为厂家，一定是鼓励原装，可能会采取非标生产，设置起排他性，防止其他厂家侵占这部分分拆产品的市场。

2. 美国的吉列剃须刀，刀身便宜，刀片贵，刀片用来单独销售。吉列将产品设计得可以分拆销售，刀身可以重复使用；刀片需定期更换，是易耗品，也是产品的核心功能。对消费者来讲，不用每次更换刀身，只需购买刀片就可以，与那些必须要更换全新的刀身、刀片的品牌相比，明显可以节省很多成本。对吉列厂家而言，利润的核心不是来自于刀身，而是来自于消费者不断使用的刀片。该策略使吉列在美国市场占有率高达 90%，全球市场的份额也在 70% 以上。

关键成功因素

1. 功能独立。分拆出来的产品或服务均具有独立功能，不是零配件。其中，耐用品往往比较便宜，甚至不赚钱，而易耗品则利润丰厚。比如第二章中的 S 公司，它就可以把自己的包装和洗洁剂分开卖。当然，它的包装得有专利，需在材质和使用方上进行突破以解决现存包装的两大缺陷：第一，厨房这样的存储环境多油烟、易脏；第二，现有的设计不是挤压就是按压，前种设计是脏手、净手捏同一位置，后种设计体积又太大——占用的厨房空间大，清洁工作量也会加大。

2. 细水长流，给消费者分散风险的机会。好比我们不用一次性买 100 个刀片，可以一片一片的买。好比洗洁剂的瓶子可以保留，以后只需买洗洁剂；企业还可以推出不同计量的包装；或者计算一下渠道费用和自己在小区建一个类似于制水机一样的小设备之间哪个划算，让消费者可以在小区投币买剂。

3. 谨慎设置排他性。与其他品牌的产品可以组合使用。否则，会造成强迫消费者购买全部产品或服务的情形，可能导致消费者一反感干脆全都不要了。

变相实践

向消费者细数自己的产品或服务，将产品或服务拆成若干小项明示出来，按每一项收费。

商业模式革新

> **写下您的思考**

论点: 您的企业或您所在的企业应该使用该策略吗?
结论: Yes / No

事实区域
（列示企业目前的主要矛盾）

～～～～～～～～～～～～～～～～～～～～～～～
～～～～～～～～～～～～～～～～～～～～～～～
～～～～～～～～～～～～～～～～～～～～～～～
～～～～～～～～～～～～～～～～～～～～～～～
～～～～～～～～～～～～～～～～～～～～～～～
～～～～～～～～～～～～～～～～～～～～～～～
～～～～～～～～～～～～～～～～～～～～～～～

解释区域
（用"五个为什么"进行思考和判断）

～～～～～～～～～～～～～～～～～～～～～～～
～～～～～～～～～～～～～～～～～～～～～～～
～～～～～～～～～～～～～～～～～～～～～～～
～～～～～～～～～～～～～～～～～～～～～～～

行动区域
（用"看得见的语言"描述行动方案）

商业模式革新

第五策：老药新汤

老药新汤指极尽其能地在不增加新资源的情况下延长老产品的生命周期，换一个样子或换一个概念让客户觉得是新东西。此策略成本低、功效大，深受个人和企业的喜爱。

案例

1. 喜欢汽车的朋友有没有好奇一件事情：某些跨国车企的汽车车型国内外的投放时间并不是一致的。如有的汽车刚在国内生产、销售，但在国外早已销售好多年了，这是什么原因呢？一条汽车生产线大多只能生产一两种车型。当然，跨国汽车巨头如宝马汽车公司也有某个工厂能生产8种车型的，但这种生产线不多且大多车型差异不会很大。跨国巨头常年以来都有产品投放的市场顺序，尤其是科技含量高的产品，在全球的投放顺序一般是最新、最尖端的投在第一世界国家（欧美），第一世界淘汰的卖往第二世界（日韩），第二世界淘汰的卖往第三世界。跨国车企投入使用多年的生产线根本无法满足彻底的新车型的技术要求，但如果淘汰旧生产线则意味着又要投入巨额资金重建生产线，固定成本太高。对他们来说，最佳策略是能够继续使用原来的固定资产，"炒炒剩饭"，稍改甚至不改原来的样子重新推出，再配合强大的营销手段去赢得市场呼声。

2. 外企会将淘汰的东西销往第三世界，也会拿第三世界的东西销售给第一世界的人民。比如我们几十年前流行于市场的球鞋、编织袋等，他们会拿到巴黎时装周上去卖。

关键成功因素

1. 要有很强的品牌影响力。消费群体不会认为我们在提供低价值的商品，就算真的是不怎么样，消费群体也不信。

2. 相对于当地的竞争对手仍有市场竞争力，别一推出大伙都感觉差强人意。其实，客观价值低不是最要命的，关键是得让人主观上觉得好。

3. 不要仅仅去改变眼睛能感受到的内容，要注重多感官所感受到的改变，而核心却不变。比如，凉茶还是那个凉茶，王老吉变成了加多宝（法律纠纷原因，此处不表），罐身颜色变了，广告变了，营销变了，不变火3年，变变再火3年。

4. 对于某些企业来说，核心不变的、难被他人复制的东西就是它的全部，可以不停地老药换新汤。如可口可乐，配方就是它的全部。有配方，所有资产毁了都可以重来；没有配方，所有的资产迟早都要耗完。

老药新汤策略有积极的做法，也有消极的做法，都有办法获得市场的认可。我们暂且不从道德伦理上探讨企业行为，只要不违法，企业都可以极尽其能地在不增加新资源的情况下延长老产品的生命周期，为企业新战略实现争取时间或再赚一笔。

商业模式革新

写下您的思考

论点： 您的企业或您所在的企业应该使用该策略吗？
结论： Yes / No

事实区域
（列示企业目前的主要矛盾）

_____
_____
_____
_____
_____
_____
_____

解释区域
（用"五个为什么"进行思考和判断）

_____
_____
_____
_____

行动区域
（用"看得见的语言"描述行动方案）

商业模式革新

第六策：成本领先

成本领先指依靠极低的变动成本支持低价格、大批量地销售产品或服务，就像我们感受到的：为什么网上买东西比在实体店便宜？之所以能让利于消费者是因为它在渠道上花的钱更少了。建一个渠道，要场地租金、装修费、大量的导购或销售人员的费用，这些费用随着每一个渠道的增减而增减，是变动成本。如果开网店就能大量节省这些费用，变动成本极低。当然，有一些出于战略目的将线上和线下价格保持一致的商品是例外情况，它的目的是维持自己高端的品牌形象、平衡不同渠道间利益关系等。

案例

1. 美国西南航空不提供费事费人的餐饮服务；连登机牌都是塑料做的，用完之后可以回收下次再用；只提供短途飞行；不提供行李托运；根据谁先来谁先坐的原则安排座位，这样也节省了预订机票和安排座位的部分费用；尽可能地使用二流的机场降低成本。种种举措帮助它降低了各种变动成本。西南航空的总裁凯勒尔曾说:"我们在与汽车竞争,而不是飞机。我们正在降低我们的价格,这样就可以与福特、克莱斯勒、通用、丰田和尼桑相竞争。客运量早就在那儿,那他在陆地上,我们把它从高速公路上拉起来,把它放在飞机上。"

2. 德国超市阿尔迪(ALDI)是一家定位廉价的超市,在全球有一万多家门店。无论穷人,还是富人都对阿尔迪有很高的品牌忠诚度,开豪车到阿尔迪排队购物是经常能看到的景象。能取得如此好的成绩,只是因为阿尔迪抓住了零售的本质:在保证高质量的前提下坚持低价,并将低价做到了极致。

首先是超低SKU。阿尔迪只经营最需要最基本的日常食物和日用品,且每种商品的品牌少而固定,是竞争对手沃尔玛的1/150。这使得阿尔迪与有品质信誉的供货商建立了固定互信的良好关系,可以得到最优惠的进货价。

第二,包装箱只用一半。很多超市的商品包装箱都是严严实实的,阿尔迪的纸箱只有一半,半截商品露在外面。不用花人工时间去打开纸箱,而且,一半的箱子也更节省箱子的制造成本。

第三,售后简单粗暴。阿尔迪所有的售后问题只用一个字解决——"退"。无论任何理由,阿尔迪会直接无条件退换货,这样可以避免没有意义的纠缠,节省大量的人力成本。

第四,阿尔迪还有一个原则,就是禁止公司所有人接受媒体的采访。它认为接受采访等于浪费时间,而这都会增加到商品的成本上。阿尔迪不打广告,拒绝上市,因为这些都需要成本,而最终为这些成本"买单"的还是顾客。

最后,阿尔迪文化所有的关注点都在于最好的质量,最低的价格。阿尔迪没有那些标语式的企业文化,一切就是首先确保物美,然后尽可能的价廉。

关键成功因素

1. 设计能力。这里所说的设计是指紧紧围绕降低可变成本来设计自己的整个经营管理体系。这种能力比实践能力还要重要，因为在这件事情上，实践的试错成本非常高昂，恐怕不是一般企业能够承受的。当然，有的产品设计就决定了大部分的可变成本。比如，我们需要用的材料材质是否天生就很贵？是不是标准件？技术参数要求高还是低？这些都至关重要。平庸的研发、设计人员就会用那些光怪陆离的东西显示自己很高明，顶尖高手都会用最简单的东西达到目的。就跟厨师一样，真正的高手不需要加调味料，不用生猛海鲜，用最普通的食材就能做出令人赞不绝口的菜肴。

2. 一步到位。一步差，步步差，整个体系环环相扣。

尽管迈克尔·波特早就提出了企业竞争的三种战略（差异化、成本领先、集中化），但我认为：所有企业竞争到最后都只是成本的竞争！你能提供或设计出举世无双的东西，我就能模仿，然后再超越。永远都不会存在一直鹤立鸡群的产品或服务。

第三章 商业模式策略辞典

写下您的思考

论点： 您的企业或您所在的企业应该使用该策略吗？
结论： Yes / No

事实区域
（列示企业目前的主要矛盾）

~~~~~~

~~~~~~

~~~~~~

~~~~~~

~~~~~~

~~~~~~

解释区域
（用"五个为什么"进行思考和判断）

~~~~~~

~~~~~~

~~~~~~

~~~~~~

商业模式革新

行动区域
（用"看得见的语言"描述行动方案）

第七策：黄雀在后

　　黄雀在后指不直接靠销售产品或服务创收，而是靠销售产品或服务所使用的结构性支付计划和售后利益来创收。我们也可以把黄雀在后策略理解成向消费者融资，这可不是大家耳熟能详的企业缺钱去找银行、PE 或 VC 融资。

　　典型的黄雀在后策略是分期付款，让消费者首付一小笔资金或 0 首付，每期加收一定的费用实现销量的增长和更多的长期收益，购房、购车甚至诸多电商都有分期业务。例如汽车，还有长期的、利润丰厚的保养、维修生意。

案例

　　1. 黄雀在后策略起源于国外。一百多年前，福特汽车就推出了买车只需首付 50% 款项，之后允许用户按分期付款的方式缴纳余款和利息。麦当劳购进土地并建造店面租给加盟商，加盟商以每月固定费用或是从每月营业额中提取一定比例支付租金；加盟商还会根据每个月的销售业绩，支付一定比例的费用。

2. 目前，国内很火的云服务产品从根本上其实也是对黄雀在后这一策略的运用。云服务初装成本低，但需今后每年付一定的维护费。就我个人而言是对云服务持保留观点的，不管跨国巨头们和国内利益相关者多么去鼓吹好处。但不可否认的是：云服务能为公司节约维护成本、节省时间、节约办公场地等。

关键成功因素

1. 强风险管理能力。首次收到的款项是不足以保本或盈利的，如果所托非人就将血本无归，大数据技术就有效地支撑了这点，从而为黄雀在后这项策略的实施提供了精准条件。同时，必须关注自身的财务风险，是否有足够的现金流支撑日常经营。

2. 制造高替换成本。例如，消费者通过分期购买 50 万元的车获得的驾驶感受肯定比 8 万元的高得多，要换也是往 50 万元以上的车型考虑，意味着可能将为厂家创造更多的分期收益。这种每年支付一定费用的生意，一旦违约或更换显性成本和隐形成本要非常高才能保障黄雀在后策略更有效。

黄雀在后策略就是不把收益盯在眼前，把目光放长远了，而实现长远的手段就是结构性的支付计划和售后的收益。

写下您的思考

论点： 您的企业或您所在的企业应该使用该策略吗？
结论： Yes / No

事实区域
（列示企业目前的主要矛盾）

_____
_____
_____
_____
_____
_____

解释区域
（用"五个为什么"进行思考和判断）

_____
_____
_____
_____

商业模式革新

行动区域
（用"看得见的语言"描述行动方案）

第八策：灵活定价

灵活定价指根据市场需求调整价格。它是对资源稀缺程度的一种补偿机制，这种需求可能是时空上的，也有可能是消费群体上的，取决于市场的机会。

从时间上来说，灵活定价这种策略可以调解买卖双方交易意愿的矛盾。我想卖的时候你不买，你想买的时候我又来不及卖，这样的波峰、波谷直接影响到消费者的价值感受和商家的直接收益。滴滴打车就会在用车高峰实行加价。

从空间上来说，同一产品在全球不同地区实施不同的定价。即使都是本地化生产，没有关税影响，同一产品也要因竞争态势不同而采取不同的价格。当然，卖家会采取很多手段去防止由此而产生的窜货问题。比如无锡产的牙刷，一线城市卖 10 元，三四线城市就只卖 7 元。

从消费群体上来说，灵活定价有出于福利考虑的，有出于风险规避考虑的，也有从国家政策层面考虑的等。像国家电网，就对使用不同资源发的电实行不同的上网价格。

> **案例**

1. 大多数旅游景区，淡、旺季的门票价格是不一样的，著名的景区更是有旺季限制人头的做法。如果不是因为景区属于垄断经营，没采取市场经济定价，它在旺季恐怕会爆出天价。另外，对于不同的消费群体，门票价格也不同，老人、教师、学生、军人和普通人实行不同价格。运用价格控制能够影响客户的需求，缓解淡季生产能力过剩、需求不旺、沉没成本无法收回的状况。

2. 芝加哥的奈克史特餐厅根据客户到店用餐的时间定价，而不是根据晚餐实际的消费量定价餐券。顾客预订晚餐高峰时间的餐券价格较高，而非高峰时段的餐券价格相对较低。有人说上网叫餐呀，直接送到家里不就结了，又不占餐厅位置，我们恐怕是没细想，其实吃饭分两种：单纯吃饭的，可以不占座，送到家里吃；另一种吃饭，吃的不是饭，吃的是餐厅的氛围和情调，必须占座，这也是为什么有些专注于给后一类餐厅送餐的企业会倒闭的原因。

> **关键成功因素**

1. 在某个时期供不应求又有一定时期的闲置资源。闲置是最大的浪费，应该好好利用。比如，火车票就可以实行座票价格高一些，无座票价格不变，以体现出不同价格享受的服务不同。另外，那么多趟高铁，淡季（如沪宁线周二到周四人比较少）的票价可以考虑降低一些。

2. 要让消费群体有机会选择。而且，这种选择不会增加我们的产品或服务的复杂度。比如，加急服务就只是优先处理，不会对原有的经营管理产生额外负担。

3. 要让消费群体有能力配合我们的时空调节。搞一个凌晨 3 点免费吃，把前一天快不新鲜的食物消灭掉，这个就没多大意思了，能有几个捧场的？但是，时间稍微提前些可能效果又大大不同。

4. 资源可以随着波峰、波谷进行调节的没必要使用灵活定价策略。我们就没听说过天然气有波峰、波谷不同价格（现行的是阶梯价格）。因为每个燃气公司都有自己的大型储罐，专门用于调节管道中的峰和谷。但是，电力公司就不行了，目前还没有很经济且很好的介质能有效地将波谷的电力储存起来拿到波峰去用，相信不久的将来就可以很经济地做到这一点。

变相实践

人为制造波峰波谷，比如较短的服务时间等，但不能以牺牲客户价值为前提。

灵活定价策略就是可以根据市场需求调整定价以调解供、销之间的时空矛盾。当然，这是最明显的矛盾，可能还存在别的矛盾。

商业模式革新

写下您的思考

论点： 您的企业或您所在的企业应该使用该策略吗？
结论： Yes / No

事实区域
（列示企业目前的主要矛盾）

解释区域
（用"五个为什么"进行思考和判断）

第三章　商业模式策略辞典

行动区域
（用"看得见的语言"描述行动方案）

商业模式革新

第九策：预收费

预收费指在产品或服务交付前预收款项，多赚一笔交付前这段时间的利息，这段时间越长越好。我个人认为这是做生意的高级境界，用别人的钱做自己的事。现在很多产品，尤其是卖手机的、卖房子的都通过预售实施预收费这个策略，配合上饥饿营销策略威力翻倍。比如，房地产商不仅可以使用预收费策略提前获得资金，而且能够提前得到合理的定价——预付的人多，证明很紧俏，应适当定高一点的价；预付的人少或没人预付，就得把价定低些。越买价格越高，越不买价格越低。不过，我们这些普通的老百姓对房地产开发商是防不胜防的，他们会雇一大帮"房托"排队，弄得好像销售很火爆，大众真害怕越不买越贵。

案例

1. 其实，我们大家在房地产还没兴起之前早就接触到预收费这个策略了，早期国内的通信运营商清一色都采用此策略。另外，近两年国内兴起了一些提供定制化产品的电子商务平台，在提供"良心价"的同时给出一个较长的定制周期，如果它需要 5 天，但它会告诉你要 35 天，多赚了 30 天的利息。教育培训机构、健身会所等，也钟爱预收费策略。预收费策略不仅能让卖方迅速回笼资金，降低运作风险，同时还可享受提前获得资金的其他好处。

2. 让预收费这一策略家喻户晓的恐怕要数曾经辉煌的戴尔了，戴尔在支付给供应商货款之前先从消费者手中将货款收回。这一策略不仅降低了对流动资金的需求，同时也改变了个人电脑产业的运作模式。

3. 在灵活定价策略中，我们给大家介绍过国外的芝加哥奈克史特餐厅，它也采用预收费策略。芝加哥名厨格兰特阿卡兹很受食客喜爱，为了尝到他的美食，顾客需要预定并提前付款。餐厅不仅赚到利息，又降低了被"放鸽子"的风险。

关键成功因素

1. 适合市场环境是卖方市场或差异化战略的公司。如果我们经营的是普通商品，可能很难实施这个策略。

2. 预收的故事要合理、合法。故事讲得好就成功了一半，我们是不是经常看到 iPhone 上市前半年就开始各种造势了，这就是预收费策略的铺垫部分。这个东西精美绝伦，你想第一时间拥有吗？你想比周围的小伙伴提前拥有吗？预定吧。

3. 当企业需要保护时，预收费是很有效的一种策略。比如燃气公司，常年的一个核心问题困扰着他们，企业存在供销差，跟超市的生鲜食品有自然损耗一样。一旦存在供销差，就意味着向上游气源供应商买了 10000 立方米的气只向消费者收到了 9500 立方米的钱，还有 500 立方米的气是跑冒滴漏掉的，当期财报缺损，企业自己做冤大头。现在，

商业模式革新

不知道他们是不是受到电信运营商的启发，逐渐给所有用户更换成卡式燃气表，用户需先充值到卡里，卡再插一下表才能用。使用了此策略之后，燃气公司发现自己是先收到用户的钱，才去气源供应商那买气的，用户先付了 10000 立方米的钱，燃气公司在当期只需要购买 5000 立方米，因为用户买的气不是一下子就用光的，等到快用完 5000 立方米的时候，别的一波用户又充值了，周而复始，供销差居然一直是负数。聪明的读者朋友们已经发现了，这其实是掩耳盗铃的做法，跑冒滴漏依然存在，只是财务报表上看不出来而已。如果企业是永续经营的，这个问题永远不是问题，如果经营终止，那"接盘侠"比较倒霉。

变相实践

利用金钱时差。向消费者收款的时间远早于向供应商付款时间。除非有别的方法让供应商获得更多利益，否则，此法难以持久。

预收费策略更像是一种财务手段，在产品或服务交付前预收款项，多赚一笔交付前这段时间的利息。很多时候是对金钱的时间价值和数量价值上的一种权衡考量。

写下您的思考

论点： 您的企业或您所在的企业应该使用该策略吗？
结论： Yes / No

事实区域
（列示企业目前的主要矛盾）

解释区域
（用"五个为什么"进行思考和判断）

商业模式革新

行动区域
（用"看得见的语言"描述行动方案）

第十策：免费增值

免费增值指提供免费的基础服务，收取高级或特殊服务的额外费用。

免费增值这种策略，几千年前的中国很多谋士惯于使用，近几年才充分应用于商业世界。谋略中讲究的是先给些甜头，而后想加码就得付出代价，二者异曲同工。个人认为年轻人应该更熟悉这种策略，因为天天接触，网游、手游，其中绝大多数策略类、角色扮演类网游、手游都是差不多的套路，免费的游戏，同时鼓励玩家充值购买装备卡、道具卡、双倍体验卡，以获得更强的游戏体验。把游戏做得好玩些，让玩家欲罢不能，但要想更强、更炫，玩家一冲动几百元钱就充值进去了。

案例

1. 国内的婚恋网站，可以自由注册和结识朋友，但好的潜在对象、合理的见面安排、合适的妆容、如何自我介绍、怎么选择聊天内容等依赖于额外支付费用获得专属服务人员提供的服务。

2. Linkedin 的基本账户包括个人概括、人际网络、电子邮箱及其他特性，任何用户都可免费使用这些信息。高级用户付费享受附加服务，包括向那些尚未建立联系的会员发送信息，更详细地了解那些在浏览自己概括的会员。

3. 自媒体时代，很多主播、直播也采用免费增值这种方式。他们的运营模式是先向用户提供免费的内容，吸引足够的粉丝和眼球，然后引导用户进入收费频道，通过收费频道为用户提供更多的增值服务。用户免费增值策略将选择权让给用户，先体验后交费，用户可以选择免费的内容，也可以选择收费的服务。

关键成功因素

1. 完整的免费。免费那一部分也能提供一个完整的体验，不能断片，不能让用户觉得是在被钓鱼。免费与增值的关系不应是部分与整体的关系，而是"精装修"和"豪华装修"的区别。

2. 内容为王。缺乏内容就很容易被复制，失去竞争优势。回到上文我们说的游戏，与众不同的屈指可数，非常有名的如国外的魔兽、刀塔，本土的梦幻西游、王者荣耀等，经久不衰。我们自己研究下就会发现好游戏无不关注"平衡"二字，讲究相生相克，讲究多排列组合和战法，凡是靠充值、靠单一手段就打遍天下无敌手的游戏都不会是最赚钱的。要是读者朋友中有做游戏的可以考虑从这个角度去改进自己的游戏。

3. 增值部分的价值大小是决定客户购买的"临门一脚"。首先，价值必须是明确的，说不清的不能先收费。第二，价值有吸引力。总的来说，增值部分的价值要有些像喜剧，情理之中且意料之外是最理想的增值。

免费增值策略就是引导客户在使用免费东西的基础上购买高级服务。按理说，任何产品和服务都可以使用该策略。而且，只要是基于免费的策略都可以和免费增值这种策略配合使用，效果好坏取决于与其他策略的配合程度。

写下您的思考

论点：您的企业或您所在的企业应该使用该策略吗？
结论：Yes / No

事实区域
（列示企业目前的主要矛盾）

解释区域
（用"五个为什么"进行思考和判断）

_____
_____
_____
_____
_____
_____

行动区域
（用"看得见的语言"描述行动方案）

_____
_____
_____
_____
_____
_____
_____

第十一策：围点打援

围点打援指提供低毛利，甚至亏本销售的"核心"产品或服务来刺激需求，培育品牌忠诚度，再通过其他产品或服务实现盈利。

围点打援策略的精髓在于围什么"点"，打什么"援"。

➢ 围"点"：打造"核心"产品或服务，比如促销品、样品、样板，以吸引客户，增加流量，积累人气。

➢ 打"援"：提供"暴利"产品或服务，毛利比较高，真正能为企业创造利润的产品或服务。

案例

1. 围点打援最典型的案例就是大型超市，几乎每种产品类别中都能找到所谓的"促销款"，以此吸引人气，消费者在购买促销款的时候会看到其周围毛利较高的产品。读到这里，有的读者朋友可能就会突然想到，没错，超市在促销产品附近摆的都是毛利高的产品，不一定是价格高，但一定毛利高，比如饮料、小家电、化妆品等。吸引来的人就算不购买毛利高的产品，也会使消费群体产生购物习惯，习惯于来此超市逛逛。

2. 国内的一些管理咨询公司，刚开始大多并不从事管理咨询业务，而是靠培训起家，培训服务是公司的核心业务，被市场和客户高度认可后，开始承接管理咨询业务。针对培训业务，力求高质量，价格却低廉，甚至免费，不求能够收回成本，但求获得市场认同和市场地位。针对管理咨询业务，采用高定价，以获取高额利润，因为有了一定的市场地位和品牌美誉度后，客户对品牌也会产生认知，这个时候价格已经不是影响客户决策的关键因素。因此，对于咨询公司而言，"培训服务"是"点"，"管理咨询服务"则是"援"，公司以高质低价的"培训服务"为诱饵，吸引更多的客户进而消费"管理咨询服务"。围点打援策略是靠在提供服务的过程中建立起商誉，让客户因晕轮效应产生对其其他领域的信赖，并为此"买单"。

关键成功因素

1. 围点打援策略适用于同质化竞争严重的领域。同质化严重的产品或服务，价格便宜就是核心竞争优势，通过打造"低价优质"产品吸引客户，进而推出毛利高的其他产品或服务。

2. 不要拿低价值的东西作为"核心"产品。有些企业可能会认为卖的永远比买的精，用一般的产品或不好的产品去糊弄客户，这是错误的。围点打援策略的基础是需要创造客户的超值体验，非常好的东西作为"武器"才能产生效果。消费者越来越聪明，靠"伪装"建立品牌越来越难。而且，品牌从来都要靠自己的产品或服务质量一点点积累起来。

3. 围点打援策略不应是阶段性的策略，需长期坚持才能奏效。因为通过核心产品或服务吸引客户，使客户认可品牌有个过程，短时间内无法建立起品牌忠诚度，很难促成客户购买毛利更高的其他产品或服务。

在实施围点打援策略的时候需要注意：如果我们没有更盈利的好产品，这种策略是低价值的。

围点打援策略就是为消费群体提供一个"点"，吸引着他们，建立起品牌效应，再主打周围的产品或服务使消费群体愿意"买单"，从而实现盈利。

写下您的思考

论点： 您的企业或您所在的企业应该使用该策略吗？
结论： Yes / No

事实区域
（列示企业目前的主要矛盾）

解释区域
（用"五个为什么"进行思考和判断）

行动区域
（用"看得见的语言"描述行动方案）

第十二策：饥饿营销

饥饿营销指人为制造供不应求的局面，手段通常是控制数量、时间、获取方式等来限制产品或服务的供应，目的是刺激需求或者抬高价格。

实际上，饥饿营销是由专家研究出来的损招，利用消费者感性而非理性的一面。为什么叫它损招，因为我认为这种策略不是去提高客户获得的真实价值，而是用了虚头巴脑的障眼法。国内的小米及国外的香奈儿、苹果等都采取过饥饿营销策略，而且，看样子依然乐此不疲。

案例

1. 小米手机的成功与饥饿营销策略密不可分。众所周知，小米手机在营销方面做得很成功，不逊于苹果（苹果也惯用这种策略）。小米手机还未上市，舆论上已经炒得火热。不过，这仅仅是小米营销的第一步。比如，当双核手机还是稀有品时，装配了双核处理器的小米手机以1999元的价格出售，不仅勾起了手机发烧友的好奇，还吸引了媒体关注的目光。凭借双核处理器和1999元售价的优势，小米手机备受媒体和手机发烧友的关注,这让小米手机的形象迅速提升,成为最具性价比的智能手机。在营造了巨大的舆论声势后,小米手机采用了饥饿营销。在公众对小米手机特别关注并纷纷抢购的时候,小米手机全线缺货了,"米粉"只能焦急的等待……小米凭借饥饿营销策略,让"米粉"疯狂抢购了好几拨,断货了好几拨。

2. 房地产开发商、房产中介都将饥饿营销策略运用得炉火纯青。很多朋友都有去过售楼中心的经历,有些可能还只是抱着看看行情的心态去的,但最后就下订单了。什么原因?我们从一进去就被一种强烈的氛围包围,售楼处外,大批拖家带口的人以没有购买资格为由被拒之门外;售楼处内,人山人海,销售人员很自信地告诉你,这一栋只剩下最后两套,那一栋已经售完,另外几栋不售。销售人员还热情地带你看他们已经贴满认购的销控表,让你觉得心动不如行动。我们再看看周围这么多的人都在挑选,混合着亢奋的音乐、嘈杂的谈判声,还真是担心仅剩下的两套被别人下手,自己抢不到了。开发商通过制造这种无房可售的现象,激起人们的购买欲。我们在预收费策略中已经介绍过,人山人海,哄强购买,穿梭不停地人流十之八九可能是开发商雇佣来的"托儿"。

关键成功因素

1. 产品或服务价值达到预期。饥饿营销策略是一把双刃剑,能创造奇迹,也能毁灭自我。让消费群体饿了那么久,是不是能喂饱呢?如果不能,以后这招就不灵了,别让消费者最后骂骂咧咧说:"什么烂东西,还让我等这么久!"那就得不偿失了。

2. 管理好饥饿期。饥饿营销也存在风险,若是对"饥饿"的度没把控好,那将使部分客户"抛弃"这个产品,转而投向别的替代品怀抱中。这样的情况对于一个品牌来说是得不偿失的。首先,饿的时机需避开比自己强的竞争对手;其次,饥饿期间保持沟通,不管是通过广告宣传,还是宣布新进展,都要让消费群体知晓;第三,别让消费者饿过头,替代品出现前的最后时刻让消费者"吃"上是最佳时机。

饥饿营销策略在理想状态下是一种锦上添花的策略。从人类的心理入手,通过控制数量、时间、获取方式等来制造供不应求的局面,达到刺激消费或抬高价格的目的。

写下您的思考

论点: 您的企业或您所在的企业应该使用该策略吗?
结论: Yes / No

事实区域
（列示企业目前的主要矛盾）

商业模式革新

解释区域
（用"五个为什么"进行思考和判断）

行动区域
（用"看得见的语言"描述行动方案）

第十三策：计量收费

计量收费指允许顾客根据需求按用量收费。

要将计量收费策略与企业按用量收费区别开来，后者讲的是企业根据自己的最佳经济规模，提供的产品或服务以一定的单位计量最划算。比如可乐就是多少毫升的，矿泉水就是多少毫升的，一瓶一瓶的卖，不会说我只要两口水能解渴了就可以只买两口的量，必须一次至少买一瓶。计量收费策略讲的是决定权在客户，最原始、最经典的就是我们去菜市场买菜、买水果，从来没人要求我们必须一买就得是5斤、8斤。

案例

1. Airbnb，一家国际化的短租平台，最近在中国起了个让大家吐槽的中文名字"爱彼迎"，颠覆了传统的酒店业与房产中介。传统的房产中介，一般是1年起租，不足1年需支付违约金，Airbnb作为短租平台，解决了时间限制，你可以租1天，也可以租3个月，满足了自助游、背包游、"驴友"以及那些停留不长的游客。同时，Airbnb又有别于酒店，酒店虽没有时间限制，但是酒店价格偏高，并且，酒店风格不能充分体现当地风土人情。

国内有很多短租平台也开始兴起，蚂蚁短租、携程等都已经开始布局短租平台。为客户提供多样化的租期选择，并根据租期时间定价，满足客户短期停留的需求。

2. 欧洲的喜利得，它的核心业务是为建筑行业提供电动工具。喜利得开发的工具管理项目能够帮助承包商避免拥有工具所带来的隐性成本，包括计划外的停工和偷窃。喜利得采取按月收费方式，应需借出替换工具，提供设备的升级服务和承担所需要的维修服务。这个项目能够帮助承包商改善现场的效率，并为喜利得带来循环收益。

3. Zipcar是美国的一家分时租赁互联网汽车共享平台，和传统租车行业最大的不同就是按小时收费。Zipcar的会员仅收取少量会费，此外，仅在驾驶者取车时向其收取费用。这种灵活的消费计量模式允许客户每次租车时间很短，低至1小时。这也促使Zipcar迅速占领市场空缺，成为美国最大、最成功的分时租赁互联网汽车共享平台。

关键成功因素

1. 最小计量单位的选择应高度契合客户的使用场景，能否做到这一点取决于技术支持能力。像Zipcar的会员卡就能解锁汽车，在整个网络系统上，公司随时知道车在哪，客户随时还、随时借，不用办手续。否则，成本将高得无法支撑客户需要的最小计量单位。就像上文说的买菜，菜农批发给批发商，批发商再给零售商的环节就会有最小经济批量，小于一定的量就得在原价基础上加价。否则，成本过高。

2. 提高速度，或者提高资产利用率至关重要。出售型的业务是速度，出租型的业务是资产利用率，目的都一样，赚快钱。生意本质是做一个乘法公式（详见第一章丘子商业公理一节），单价如果不变，在既定周期需尽可能的走量。

计量收费策略就是让客户可以根据自己的需求计量获得产品或服务。计量收费策略对管理技术的要求很高，尤其是对物的管理。

写下您的思考

论点： 您的企业或您所在的企业应该使用该策略吗？
结论： Yes / No

事实区域
（列示企业目前的主要矛盾）

商业模式革新

解释区域
（用"五个为什么"进行思考和判断）

行动区域
（用"看得见的语言"描述行动方案）

第十四策：授权许可

授权许可指向特定群体和个体授权，按指定的方式使用产品或服务并付费。

授权许可与特许经营是两码事，我们会在后文中分析后者。授权许可策略几乎无处不在，人们大多是没留意，把它当成了理所当然的事情了。比如，将专利授予谁谁使用多少年以收取专利费，电脑的操作系统、企业购买的管理软件，甚至我们日常使用的VIP电子邮箱，居家要用的管道燃气、用水、用电、银行卡等都是企业通过授权的方式提供给我们的。

案例

1. 国内现在兴起很多乐于做平台的公司，搭一个平台，吸引内容供应商，再吸引内容需求者，平台通过授权的方式允许内容供应商在上面营运，内容供应商通过授权的方式允许内容需求者获得内容，要么免费，要么支付一定费用。平台还可以通过授权广告商获得收益等。

2. 苹果的 iTunes Store 和 App Store 提供的内容促进了硬件设备的销售，如 Mac、iPhone、iPad 等。两个商店通过歌曲、视频、媒体订阅或出售应用来赚钱。我们无从得知苹果真正从出售内容中赚了多少钱，但它的巨型图书馆对设备销售是一个有力的驱动。

关键成功因素

1. 权利拥有者的产品或服务是高度标准化的。标准化程度越高越有利润空间。定制化意味着要削减利润。可是，现在的客户需求是细分的市场，如何才能不用定制化呢？解决途径至少有两个：目标客户的选择；标准化的形，定制化的心。

2. 实现借鸡生蛋。自己什么都没有，只做桥梁。在做桥梁的过程中"偷师"，逐渐掌握控制权去攫取超额利润。

3. 做武林盟主。通过授权成为武林盟主，运用绝对优势，可以去撬动整个产业链产生价值，可以形成独占或垄断，而不是仅靠卖产品盈利。像国际巨头型的管理软件公司 Oracle 和 SAP 有得天独厚的优势，可惜他们深陷西方管理思想的束缚：一定要坚持专业化的道路，还在靠卖软件版权赚钱。这个行业是暴利行业，成本极低，收益极高，延缓了他们洞察商机的机会。这本来是我们本土企业的绝佳机会，可惜中国软件企业要么有先天的缺陷，要么过于弱小，要么只停留在靠信息不对称、靠国家政策扶持等来赚钱。

不冲着实现借鸡生蛋或者武林盟主为目的的授权许可都不会建立稳固的优势。所以，我们会发现很多企业运用授权许可策略折腾两下就不见了，或者是半死不活地混着。

第三章 商业模式策略辞典

　　授权许可策略需要企业从战略层面思考，立意要高远，关键是通过该策略立势，对手看见的是向特定群体和个体授权且按指定的方式使用产品并付费，看不见的是我们布的局。

写下您的思考

论点： 您的企业或您所在的企业应该使用该策略吗？
结论： Yes / No

事实区域
（列示企业目前的主要矛盾）

～～～～～～～～～～～～～～～～～～～～～～～～～～～～
～～～～～～～～～～～～～～～～～～～～～～～～～～～～
～～～～～～～～～～～～～～～～～～～～～～～～～～～～
～～～～～～～～～～～～～～～～～～～～～～～～～～～～
～～～～～～～～～～～～～～～～～～～～～～～～～～～～
～～～～～～～～～～～～～～～～～～～～～～～～～～～～

解释区域
（用"五个为什么"进行思考和判断）

行动区域
（用"看得见的语言"描述行动方案）

第十五策：会员制

会员制指企业通过发展会员，建立会员权利和业务，并提供差异化服务和精准的营销，提高顾客忠诚度，长期增加企业利润。

会员制这种策略跟丐帮内部的分类有点像。丐帮分污衣派和净衣派。会员制分有偿的和无偿的。有偿的认为自己才是正宗，讲的是按照时间付费，允许会员进入特定场所使用产品或服务，而非会员无法享受。无偿的认为不存在什么正宗不正宗，能"绑架"客户就行，越多越好，是不是会员的区别只在于要不要受它推送消息的折磨。比如，视频网站的会员就不用看视频前的广告。

案例

1. 现在的终端消费领域几乎都是会员制，吃的，穿的，用的，娱乐的，住的酒店等。要不是公厕为非营利性质，我相信公厕也要实行会员制。

2. 在免费增值策略中，我给大家介绍过Linkedin，它的高级用户每月付费后接受专享服务。该站点提供包括"业务"类和最高级"执行"类在内的阶梯付费式会员服务。"业务"类会员服务在 2012 年的收费为每月 20 美元左右，该服务还包括附送的额外服务，如特级检索、向某公司申请自我介绍的能力。"执行"类会员服务的收费为每月 80 美元左右，该服务包括向网络内所有人员发送消息的能力——保证发送者能收到回复，否则，Linkedin 将向其退还会费。

3. 不是只有消费品才有会员制，工业品也有，只不过是称呼不同，他们以 A 类供应商或优秀供应商与其他供应商进行区隔，其本质是一样的，只是各自约定的权利义务有差别。

关键成功因素

1. 把握会员制的三个真谛：①"绑架"客户，提高客户的替换成本；②数据分析和行为预测；③精准沟通，可能是新品信息，可能是活动信息等。大多数会员制恐怕都是在人云亦云，以至于现在是会员泛滥，诸位读者朋友身上兼具了多少个会员身份？恐怕我们的这些会员身份只被企业发挥了信息推介的作用。在数据分析做得最先进的亚马逊会根据会员的日常消费或浏览记录定期向会员邮箱推介有关产品信息，我常收到却觉得离精准推送还差一大截的消息，恐怕在这方面，绝大多数企业还有一大段路要走。

2. 防止会员制成为一种附属价值。会员制应是正餐主食，不是饭后甜点，要向会员提供切实的物质利益或精神利益。千万不能无关痛痒或给会员制造麻烦。像我常去的某个 CBD 就很坑人，为了让客服中心人头攒动，在任意商家消费完还需要拿着消费小票去商场的客服中心才能积会员卡的分，而且，要求当天才有效。积分有什么用呢？在商城买足价值100万元的商品才可以换个iPhone6，积分1年有效。

3. 要有会员的等级安排。就跟薪资等级一样，不同级别享受不同权利；又要像绩效目标一样，努力跳一跳能够着。

正是由于众多企业对会员制度的成功关键理解不足，我们才发现很多会员制对企业来讲其实是并没有什么用。

会员制策略是企业通过有偿或无偿的方式获取自己的潜在粉丝，为赢得既定市场的客户忠诚。不能赢得忠诚的会员制是成本行为，不是利润行为。

商业模式革新

> **写下您的思考**

论点： 您的企业或您所在的企业应该使用该策略吗？

结论： Yes / No

事实区域
（列示企业目前的主要矛盾）

_____
_____
_____
_____
_____
_____
_____

解释区域
（用"五个为什么"进行思考和判断）

_____
_____
_____

行动区域
（用"看得见的语言"描述行动方案）

商业模式革新

第十六策：微交易

微交易指以象征性的价格销售多种产品或服务，刺激冲动型消费。

微交易和便宜大甩卖是两码事。从目的上来看，前者以此为商标，后者以此谋资金回笼；从范围上来看，前者是几乎所有产品或服务同一低价，后者是大多产品或服务价格不同；从周期上来看，前者是有意为之的一贯策略，后者是随着市场环境的变化实施的短期行为；从价格上来看，前者低至地板价，后者只是比初始价格便宜一些。

案例

1. 国内市场上有许多1元店、2元店、10元店，常听到的吆喝是"2元一件，每件2元，买不了吃亏买不了上当"。这种小店之所以能够生存到现在，在于其品种繁多，成本极低，属于薄利多销。由于商品价格便宜，顾客进了店基本没有空手出去的。只要地点选得好，人流比较大，商品走量很快，利润自然就高了。

2. 互联网时代，微交易策略更是受到诸多商家的青睐，就拿很多卖首饰的淘宝店家来说，品类琳琅满目，价格极低，几乎都在10元以下。当顾客（消费对象多为女性顾客）上网浏览时，大多不会只买1件。据统计，每个顾客的花费平均在40元左右。互联网上可是存在以"亿"计算的客户，有巨大的规模效应。这也是为什么微交易策略经常奏效的原因。

关键成功因素

1. 微交易策略单独使用难成气候。要么有极低的成本优势，要么在别的地方找利润。否则，无以为继。

2. 客户冲动，但不后悔。不要卖耐用品（价格那么便宜怎么可能耐用得了），最好只卖一些易耗品。例如，1支漂亮的带香味的蜡烛，点完就没了，反正看不出好坏，不存在后不后悔。

微交易策略是以刺激冲动消费为目的的，充分运用人们心中"反正吃亏也就几元钱"的心理来扩大多种产品或服务的销售。

商业模式革新

> 写下您的思考

论点：您的企业或您所在的企业应该使用该策略吗?

结论：Yes / No

事实区域
（列示企业目前的主要矛盾）

解释区域
（用"五个为什么"进行思考和判断）

第三章 商业模式策略辞典

行动区域
（用"看得见的语言"描述行动方案）

第十七策：溢价

溢价指采用比竞争对手更高的定价获得更多利润。

溢价策略与成本领先策略刚好是相反的，一个要便宜，一个要贵。使用溢价策略的产品或服务，客户感受到的价值除了高端还是高端，甚至是独一无二的。我个人认为相对于之前介绍过的饥饿营销那样的损招，这是最积极正面的策略，是促使企业良性循环最有效的策略。虽然我也不反对成本领先策略，但成本领先对管理水平的要求太高，相关研究汗牛充栋，此处不表。关于采用溢价策略的企业，大家并不陌生，手机行业的苹果、汽车行业的兰博基尼、冰淇淋行业的哈根达斯等都是如此。

案例

1. 国内这几年出现了一家神秘的餐厅，只做晚餐，没有人知道餐厅的具体地点，用餐宾客会被提前通知于某地点集合，之后统一乘坐专车去用餐地点。与此同时，预定的时候你也并不知道一同用餐的其他宾客是何许人也，会吃什么也是未知数，你唯一能了解到的便是信用卡在周二至周四会被划掉 4000 元，而周五和周六则是 6000 元。即使如此，去过的客人们却都希望再去排队等待 3 个月，然后，附赠一句，Amazing！

2. 国外的联邦快递从 20 世纪 70 年代建立之初就以保障时效性和货物的安全性向客户收取额外费用，现在的客户几乎可以实时了解包裹的温度、位置、光照暴露度等详细信息，通过优质的服务获取溢价收入。国内的顺丰快递，快递业内收费最高。从一开始，顺丰就定位于"安全、服务和快速"，其产品做到了"即日到达"，最迟也是"隔日到达"，其安全性和高质量的服务也被大众所认可。由此可见，并不是产品便宜能得到用户选择，而是服务和效率才是现在用户选择的第一条件。尤其在服务产业中，公司的服务、为用户着想和效率是公司成长最重要的关键，这也是溢价策略能够成功的前提。

关键成功因素

1. 适合差异化战略的公司。高端产品、高端服务和品牌、高端客户体验。离开这些，溢价策略寸步难行。

2. 品质、服务是关键，但也不要走入误区，只要好一点就行。认为就应当每每惊世骇俗，没必要。只要比竞争对手好一点就行，具体是多少，取决于我们想要比人家价格高多少。

3. 会干还要会吆喝。溢价手段非常多，之前介绍过的一些策略和后文将为大家介绍的策略均可以配合使用，总归就是要放大差异化带给人们的冲击。

4. 一浪更比一浪高才能维持住溢价策略。冲一浪高容易，浪浪高

商业模式革新

就难了。不转移注意力的持续投入，始终牵着市场的鼻子走非常重要。苹果现在的创新越来越不革命了吧，因为库克是搞供应链的，对技术要求没那么苛刻，不那么追求极致。我们回忆下 iPhone4、iPad 刚出来时，三星、华为、小米那些市场追随者哪个不是像极了苹果？苹果已经失去震撼世界的创新力，没有了可供大家模仿的大把内容，恐怕无法维持溢价策略多久了。

5. 溢价策略配上饥饿营销，效果更佳。采用定量控制、定期提价、提前预订等方式，打造"稀缺"，制造供不应求的态势。

采用溢价策略的往往是市场领导者，是第一波能攫取到超额利润的企业。这种策略危机显现的时点是当追随者们不再"抄袭"领导者，也是领导者开始走下坡路的警示。

溢价策略以提供高端产品、高端服务和品牌或者高端客户体验为前提，向客户收取比竞争对手更高的价格。跑在所有人前面的时候就不要看财务报表了，忘记已经是什么，想想应该是什么，让理想去引领企业。

写下您的思考

论点： 您的企业或您所在的企业应该使用该策略吗？

结论： Yes / No

事实区域
（列示企业目前的主要矛盾）

_____
_____
_____
_____
_____
_____

解释区域
（用"五个为什么"进行思考和判断）

_____
_____
_____
_____

商业模式革新

行动区域
（用"看得见的语言"描述行动方案）

第三章 商业模式策略辞典

第十八策：风险分担

风险分担指如果未达到指定的指标就免除标准费用或成本，当达到时就收取超额收益。

风险分担是所有创新策略中为数不多的攻防兼备策略，可以作为招揽生意的吸引条件，也可以作为挽留客户的手段——因为给予了客户比较可观的补偿。敢采用风险分担策略的企业本身有很强大的"心灵"，只有对自己能提供的产品（服务）的价值超级自信的企业或个人才敢如此承诺。同时，风险分担作为一种非常优秀的防御策略，给了企业改进的信息和机会，能有效防止客户流失，现有客户得到补偿留下了，自己发现了问题予以改进又防止了将来的潜在客户遭遇同类问题。

案例

1. 国内的餐饮品牌西贝莜面村，他们的理念是闭着眼睛点菜，道道都好吃。只要你说不好吃，菜就不要钱。

115

国内还有一些餐厅，为了确保客户用餐效率，你点完菜，还给你个沙漏，给你郑重承诺：30分钟上齐菜。如果30分钟还没上齐菜，钱不要了，后面上的菜免费送你。

2. 美国GE公司，它生产的发动机按飞行小时定价并提供保修——这意味着一旦发动机发生意想不到的故障将由GE而不是客户来承担相关费用。GE作为供应商，不管客户方面什么时候出现任何问题，GE公司的有关人员都会紧急赶赴现场，及时给予用户技术支持，与用户一道高效、快速地帮助他们解决问题，和他们一起分担经济上的损失。这也促使GE孤立了竞争对手，赢得了更多的战略合作伙伴。

关键成功因素

1. 双方都认可的指标才行，可供参考的标准要客观且不附带条件。不能像保险公司重大疾病险那样，客户以为生某个病就能理赔，但其实保险条款中还约定了这个病的起因，不是特定原因导致的还不赔。保险公司好像都衷心希望消费者为小概率事件投保。

2. 工业品的指标值设定既不能低于客户的底线，又要基于企业的数据挖掘。跟保险公司的精算师设计险种、费率一样，我们需要清晰地知道哪个值是我们产品或服务的极限。

注意事项：有读者朋友也许会问，要碰到故意找碴的客户呢，即客户故意让我们的东西不达标。我想说的是：我们确定我们的目标客户中大多是这样的吗？如果是，不要使用风险分担策略。如果不是，即使被少数客户坑了也扭转不了我们赚钱的大局，何必纠缠一两棵树而损失一片森林？这又引出另一个问题，要不要严密的防漏洞措施来防止找碴？没必要，有一般性的大框架就行。我们需要明白：在很多情况下赢了就是输了，输了就是赢了。

变相实践

风险分担的另一种做法是"将风险完全由自己承担"，提供产品或服务结束前不收费，不满意不收费，满意或达到约定条件超额收费或正常收费。比如，做管理咨询或IT咨询的公司敢不敢向客户承诺做完项目，效率提升20%或者收益增加5%等，没达标不收钱，达标按效益改善的50%或60%收取费用等。完全采用风险自己承担，能够快速打开市场，但一定得有足够硬的产品或服务做保障。不然的话，不但血本无归，还毁掉了自己的品牌形象。

风险分担策略是同消费主体一起承担产品或服务不令人满意的风险，制造共同面对的局面，而不是彼此对立的局面。

商业模式革新

写下您的思考

论点： 您的企业或您所在的企业应该使用该策略吗？

结论： Yes / No

事实区域
（列示企业目前的主要矛盾）

~~~~~~

~~~~~~

~~~~~~

~~~~~~

~~~~~~

~~~~~~

解释区域
（用"五个为什么"进行思考和判断）

~~~~~~

~~~~~~

第三章　商业模式策略辞典

行动区域
（用"看得见的语言"描述行动方案）

商业模式革新

第十九策：订阅

　　订阅指顾客需一次性提前支付款项或者分多次支付款项才能使用产品或享受服务，为企业创造可预见的现金流。

　　订阅策略实施成功的好处不仅是创造现金流，生产或服务安排的可预见性也能得到极大地提高。这与我们常见的免费订阅推送最新消息不同，订阅策略描述的场景其实是客户能不能先告诉我们一声对方想在哪一段时间拥有它。对于个人消费者而言，除了使用产品或服务本身外，有时候还有一个提醒功能的价值存在。

案例

　　1. 花点时间是一家互联网鲜花B2C网络零售品牌，通过"预购+周期购"订阅的方式为用户提供鲜花到家服务，每月只需99元即可享受4次上门送花服务，有效地解决了用户重复购买的麻烦，使得用户可以把更多的精力放在商品的选购上。花点时间之所以能够运用这种策略，和顾客的消费升级分不开。传统概念中，鲜花是用于婚礼、庆典等场景。随着生活水平的提高，如今的年轻人对于生活的品质要求已经越来越高，鲜花成了"日常消费品"。鲜花无论放在家里，还是办公室，都能带来一天好心情，订阅的用户每周收到不一样的花，还真是惊喜。

2．媒体内容订阅。提前预订媒体的内容产品，媒体将每期的内容进行更新和送达。比如报纸，过去是纸质的，现在是网络平台，始终使用该策略，只是现在更加方便用户。还有一些自媒体，比如李翔的商业内参，据说该内容产品的第一个付费订阅用户是马云，第一天的订阅数超过1万，当天订阅金额超过200万元，其定价为年费199元。

关键成功因素

1．订阅策略适用于消费频次高的产品或服务。该策略需要一定的消费频次，要求产品有一定的需求周期。显然，像家具、家装、电器等消费周期长的耐用品或服务就不太适合，而且，过低的消费频次也不利于盈利。

2．客户的试错成本低。订阅模式最大的好处就在于降低用户购买风险，大大降低了用户的试错成本。如果订阅未提供预期价值也不会有多大损失，如果有价值却非常的物超所值。

3．提供订阅的量或周期越灵活越有吸引力。一订就是1年、1个月，还是随时订随时退，一看就知道哪个更有吸引力。

4．订阅策略配合购前试用策略。培养市场口碑，让人看见值得订阅的可能。

读者朋友们可能会提出，我们当然希望客户订阅的量或周期越多越好。这是彻头彻尾地从自己的角度思考问题，这种做法不仅容易吓退客户，而且容易提高客户预期。让客户觉得值的方法是提高自己的价值；同时，降低客户的期望。乔布斯遭遇手机天线信号糟糕的尴尬时，他就会告诉大家说所有的智能手机都有这个问题，先不论真假，如果是真的，群情激愤的事就变得没啥大不了了。

订阅策略不是免费订阅，是收费订阅，以锁定一定期限的收益。

写下您的思考

论点：您的企业或您所在的企业应该使用该策略吗？
结论：Yes / No

事实区域
（列示企业目前的主要矛盾）

第三章　商业模式策略辞典

解释区域
（用"五个为什么"进行思考和判断）

行动区域
（用"看得见的语言"描述行动方案）

商业模式革新

第二十策：平台化

平台化指将许多买家和卖家连接在一起，参与的买家和卖家数量越多，平台越有价值。平台不是自己直接创造价值，而是通过帮助别人，给别人提供一个帮他们创造价值的机会，进而形成一个多方共赢的生态系统。

一说到平台，大家立马就沸腾了，专家、学者以此为生的大把人在，把平台吹得神乎其神的也不胜枚举，阿里巴巴目前的成功更是激发了全民的想象力。一说到平台，就不得不区分一下它和"互联网+"，这两者是不同的，互联网只是实现平台策略的一种手段和工具而已，它可以是加自己也可以是加别人。

案例

1. 几乎所有电商，还有各种展销会、博览会都采用的是平台化策略。Uber、Airbnb、Palantir 等美国的独角兽企业 75% 运用平台化策略盈利或者是扩展流量，蚂蚁金服、小米科技、滴滴快的、陆金所等中国企业的这一比例更高，有94%的企业运用平台化策略打造生态圈。

2. 国外有一个很有意思的平台叫Kickerstarter，是一个为独立产品开发者、艺术家、作家和几乎各个领域创作者寻求观众和项目投资的平台。交易平台从连接个体与团体之中赚钱。Kickerstarter从项目资助中提取5%。

3. 海尔的张瑞敏先生曾在许多年前就睿智地提出"企业平台化是大势所趋"。现在海尔的理念是"企业即人，人即企业"。"企业即人"，即企业中的每个人都可以成为创业者，每个人都可以成为"创客"，企业只是创业平台，让每个人都能够创业。"人即企业"，每个人能够创造非常大的企业，做得越来越大。企业要由管控组织变成创业平台，员工由执行者变为创客。平台就是生态圈，永远没有边界。简单地说，企业平台化就是使企业在全球的资源都可以为你利用。海尔的COSMOPlat平台是"企业和智能制造资源最专业的连接者"，能够帮助更多的企业更快、更准确地向大规模定制转型。现在海尔COSMOPlat平台上聚集了上亿的用户资源，同时还聚合了三百多万的生态资源，形成了用户与资源、用户与企业、企业与资源的3个"双边市场"。

关键成功因素

1. 互联网思维是核心。为什么万达在互联网这一块那么努力却一直做得不顺利？它与阿里巴巴骨子里的区别就是：万达是品牌思维，靠的是营销团队，这种团队会树立起等级文化，一级比一级"官"大，关注个体对流程、标准的遵守，这是一种抑制思想迸发的文化；阿里巴巴是互联网思维，靠的是资源整合团队，这种团队会树立起平台文化，关注个人对困难的独立思考，领导会拍着桌子大吼"就按你说的办"。

2. 利益分配机制。我们要理清楚，卖家利益有哪些，买家利益有哪些，自己的利益有哪些，用一套玩法将三者利益统一或者均衡起来。

3. 价值增加机制。把平台当成一个价值放大器和矛盾仲裁者，而不是"武林盟主"。不要利用自身优势巧取豪夺，要详细构思和实施，建立极尽所能地放大和增加卖家价值和买家价值的体系。比如一个连接企业和管理顾问的平台，要不要顾问进入门槛呢？工作了5年、8年的就都可以吗？或者说20年就可以吗？我们都知道天赋和努力的差别，那么多科学家，为什么只有一个爱因斯坦呢？我个人认为对于提供智力服务的平台而言，不应该只是提供一个平台，起码得像正规的菜市场那样至少还有一台公平秤，但不要搞成"强制项"，只是"可选项"。

4. 让人知道。精准传播，不能傻乎乎地自己蒙头做，至少要让可能用到的人知道这个平台。你以为在APP排名靠前就有用？你以为百度搜索靠前就有用？用户心中的搜索关键词跟你想得不一样。

5. 平台所有者与平台参与者没有直接或间接的竞争关系。同行是冤家，剪不断理还乱。很多尝试平台化的公司烧冤枉钱，就是错在这。

从上述叙述中，我们能看出平台化策略最需要贴近商业模式的本质，做得成功的企业也正是因为贴近了这个本质，又因为人们经常将"互联网+"和"平台化"混为一谈，所以，企业和专家们常常把"互联网+"作为商业模式创新的出路。

一个好的平台最好要像CBD，一站式的，买家几乎所有的参考项都在这了。另外，我们需要注意的是：平台不是万能的，不要以为现在生意不好，实现平台化就能怎么样。平台化能够减少交易成本、解决信息不对称（驱逐劣币和发现资源）的问题。如果我们企业做平台是出于其他目的，对不起，药方就不对，这个项目基本上可以判"死刑"。

平台化策略形象点说，就是羊毛出在猪身上，狗来买单。该策略是新经济下市场资源整合和需求对接的创新方式，可以缩短产业链，进行跨界整合，借此达到"去中心化、去中间化、去边界化"，能够有效解决传统企业价值链过长、信息传递低效、反应速度慢、沟通复杂等顽疾。

写下您的思考

论点：您的企业或您所在的企业应该使用该策略吗？
结论：Yes / No

事实区域
（列示企业目前的主要矛盾）

解释区域
（用"五个为什么"进行思考和判断）

行动区域
（用"看得见的语言"描述行动方案）

第二十一策：共享

共享把"我的"变成"我们的"。"人人为我，我为人人"应该是对共享经济一个比较准确的概括。

共享策略其实早已存在，邻里之间互借东西就是共享的一种形式，但这种共享受制于空间、信任两大要素，只限定在小范围内进行。随着科技的发展，借助互联网技术，共享解决了空间、信任两大约束，使该策略得以应用在诸多领域：出行、办公、物流、住宿、技能等。

案例

1. BlaBlaCar 是欧洲一家长途拼车平台，成立于 2006 年，总部位于法国巴黎。有跨城旅行需求的用户可以通过该平台提前预订有空座资源的私家车，私家车主可以赚到一笔小钱，而乘客自然也可以比使用公共交通更低的费用完成旅行，且旅程变得更有意思，BlaBlaCar 则从中抽取一定比例的手续费。国内拼车 O2O 平台也陆续得到各方关注，滴滴快的、易到等巨头出行平台纷纷推出自己的拼车业务。

2. 目前，国内比较火的共享单车、共享汽车、共享洗衣都是共享策略的产物。最近又出来个共享充电宝，只需用手机扫码，便能快速借到充电宝，使用完毕后还可在市内任一租借点归还，押金可随时提现并退回账户。

3. 共享停车位。出租方将地点、价格和现场照片等发布到网上，费用在网上协商，盘活车位资源，提高利用率。比较典型的共享停车位企业有美国的 Parkme、Parking Panda、Parker，中国的停哪儿、停车无忧、停车宝、PP 停车。

4. 共享办公。很多公司在创业初期，由于资金压力，不会租用或购买单独的办公室，通常会与其他公司共同使用一个办公区，以降低成本，实现双赢。越来越多的公司或个人办公趋向灵活化，很可能在不同的阶段需要在不同的区域和地点办公，呈现出需求多样化、时间碎片化的特征。比如，一个上海的公司，需要在北京市场调研 1 个月，每天只需两个小时在室内办公，那么，它就可以通过办公共享平台租用北京的办公场所。

关键成功因素

1. 找出过剩产能。过剩的产能通常意味着获得它的成本更低。比如私家车，研究表明，人们自己开车的时间只占到 10%，如果自己拥有一辆车的话，90% 都是浪费的，把其分享出来就很划算。

2. 建立信任保障机制。一定要有防止分享之物被损坏的机制。像共享单车推出没几个月，受损单车就积压成山。据互联网分析师唐欣的调研，ofo 共享单车的损耗率大概是 20%，而摩拜单车的损耗率大概在 10%。

经济社会评论家杰雷米·莱福金预言："20年后，占有物品的理念将变得过时，所有的经济将建立在租借服务之上。"共享将影响并改变着人们的生活方式。

写下您的思考

论点：您的企业或您所在的企业应该使用该策略吗？
结论：Yes / No

事实区域
（列示企业目前的主要矛盾）

_____

_____

_____

_____

_____

_____

_____

解释区域

（用"五个为什么"进行思考和判断）

行动区域

（用"看得见的语言"描述行动方案）

第二十二策：众筹

众筹指通过公开项目获得大众资金以及资金背后的资源、知识与专业能力。

很多专家学者将众筹按照目的用途延伸为回报众筹、股权众筹、债券众筹、募捐众筹，但我个人更愿意回归其本质：让有创造力的人可能获得他们所需要的资金，以便使他们的梦想有可能实现。这意味着：每一位普通人都可以通过众筹获得从事某项创作或活动的资金，使融资的来源不再局限于机构，可以来源于大众。

众筹的特点如下。

- **风险性**。众筹是有风险的，因为它投资的是一个未完成的项目，这一点与预收费有本质的区别，现在很多商家冠众筹之名、行预收费之事。众筹和预收费两者的主要区别：预收费的产品或服务是已经实现的，多赚的是交付前这段时间的利息；众筹的产品或服务尚处于研发、设计阶段，实现创意成真是其目的。
- **参与性**。互联网时代强调粉丝经济，众筹一般是通过网上第三方平台发起，参与众筹的投资人大多是追随者。粉丝参与项目的制作，具有参与权、发言权、建议权，能够更好地维系项目的生命力。

- **目标性**。众筹的额度应有个具体的目标，若未达到目标，所筹款项应该原路还回。

- **回报性**。所谓无利不起早，众筹投资者的回报可以是多样化的，如股权回报、纪念品回报、VIP 会员资格等。

案例

1. 国内第一部众筹电影《十万个冷笑话》，就是发起人通过互联网众筹平台"点名时间"为该项目发起募资资金的活动。网友作为投资者，通过少量的投资金额在完成项目之后获得电影票、纪念品等物质回报。

《十万个冷笑话》于 2013 年 3 月 28 众筹上线，上线开启不到 72 小时，筹资金额突破 10 万元，参与人数超过 1000 人，最终筹集到超过 137 万元的投资，吸引了五千多位电影微投资人参与投资。

《十万个冷笑话》通过众筹分散了一定的市场风险，同时也分享了发起人的梦想和电影制作过程中的快乐，圆了投资者的动画梦。

2. 3W 咖啡是采用众筹方式创办的新型咖啡馆。许单单等几位创始人发起 3W 咖啡，向社会公众进行资金募集，每个人 10 股，每股 6000 元，相当于一个人 6 万元。3W 咖啡从一开始就定位不是普通的咖啡馆，而是互联网创业和投资者的顶级圈子。

3W 咖啡成为股东的条件：最低投入 6 万元，须是上市公司高管、基金合伙人、初创公司 CEO 和知名媒体人。很快，他们汇集了一个豪华投资人阵容，其中包括乐峰网创始人、知名主持人李静，红杉资本中国基金创始及执行合伙人沈南鹏，新东方联合创始人、真格基金创始人徐小平，德讯投资创始人，腾讯创始人之一曾李青，高德软件副总裁郄建军等。基于这种强链接、熟人或名人交际圈，3W 咖啡知名度瞬间攀升，很快以创业咖啡为契机，将品牌衍生到了创业孵化器领域。

3W 咖啡对股东的回报是多方面的，如图 3-2 所示。

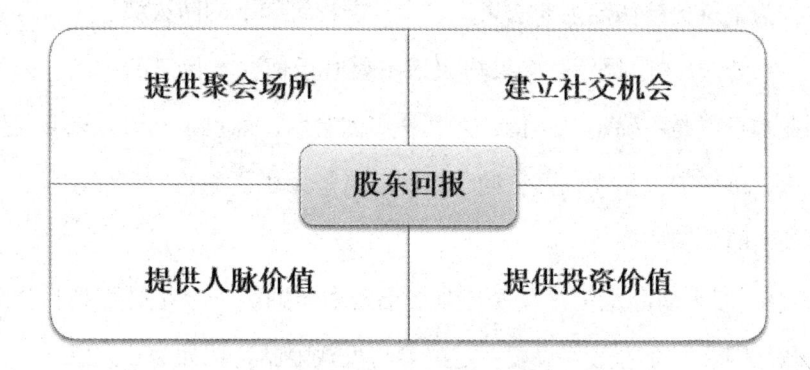

```
┌─────────────────┬─────────────────┐
│  提供聚会场所   │  建立社交机会   │
│         ┌───────────┐             │
│         │  股东回报 │             │
│         └───────────┘             │
│  提供人脉价值   │  提供投资价值   │
└─────────────────┴─────────────────┘
```

图 3-2　3W 咖啡股东回报

3W 咖啡因为众筹，聚集了一群有共同价值观的人在一起，把自己的资源在股东之间相互共享，从而产生比咖啡馆本身更大的价值。

关键成功因素

1. 制定众筹参与者的标准

众筹并非参与者越多越好，一定要找到合适的参与者。如果没有门槛、没有要求，很可能引入一些与主流价值观不合的乌合之众，而埋没那些合适的参与者。也正是因为有了标准，才会形成过滤效应，产生稀缺感，吸引志同道合的人加入进来。

2. 建立价值保障体系

所谓众人拾柴火焰高，但要吸引众人的参与并乐意把钱委托给招募者，一定要建立价值保障体系。这种价值保障并不一定是金钱，也可以是独特的价值服务、尊享的荣誉、特别的体验机会等非物质激励。这些价值承诺必须白纸黑字写下来，并让人相信招募人能够持续坚守承诺。

3. 规避非法集资的风险

虽然众筹与非法集资有本质的区别，但在实际操作中，仍有很多风险。为了避免被认定为非法集资，众筹需构筑如下的防火墙。

- 做好风险提示，众筹协议里不要有任何保本保息的说法。因为创业本身就是不确定的事情，尤其是在创始期，谁也不知道未来会发生什么，市场需求是无法预测的，经济环境是无法预测的，政策环境是无法预测的。

- 缩小众筹范围，众筹与非法集资本质的区别就是是否吸收公众存款。因此，众筹最好设置一定的参与人数限制，比如200人以下，并且易集中在比较小的圈子，而非面向公众。

4. 建立运营管理模式

许多股权的众筹项目，前期轰轰烈烈，进展顺利，一旦众筹的实体项目运作起来，问题百出，倒闭关门的不在少数。究其原因，就是没有一套适合的运营管理模式。我个人建议从一开始就做好权、责界定。规定好参与人的职责权限，建立透明的流程制度，必要的话，还可以请职业经理人进行管理。

第三章 商业模式策略辞典

写下您的思考

论点： 您的企业或您所在的企业应该使用该策略吗？

结论： Yes / No

事实区域
（列示企业目前的主要矛盾）

解释区域
（用"五个为什么"进行思考和判断）

商业模式革新

行动区域
（用"看得见的语言"描述行动方案）

第二十三策：联合

联合有4种具体形式：联盟、合作、互补、竞合。

联盟：分享收益，分担风险，改善各自的竞争优势。联盟往往是长期的。联盟关系的成员都是法律上的独立实体，能够改善各自的竞争优势，实现多赢。

合作：为共同利益与他人结成伙伴关系。合作往往不是长期的。合作各方通常拥有相似的品牌精神。

互补：客户群体相似，但产品和服务不同。互补是最具吸引力的联合，天生具有稳固的特性。

竞合：一种市场协调行为，为了实现共同的目标和竞争对手合作，降低竞争关系，获得单体无法实现的突破。竞合是一种被动策略，企业通常不会主动采取竞合策略，要么共同面临强大竞争对手，要么势均力敌，杀敌一千自损八百。为了生存或更多的利益，打累了的竞争对手往往只能坐下来商量合作事宜。

案例

1. 当初，Napster 和数字音乐动摇行业基础的时候，各大唱片公司还是依附于它们旧的商业模式。乔布斯和他的律师们说服唱片公司加入数字平台并销售歌曲，与唱片公司形成联盟。现在，iTunes Store 中有几千万首歌曲和超过 70 万种的应用、二十几万集电视剧和几万部电影。

2. 魔兽与可口可乐的合作，跑跑卡丁车与百事的合作，合作方进行冠名、在游戏中内置合作方的广告、在合作方的产品上进行广告等游戏中开设新服、开展活动或者销售周边产品等，利用双方资源，形成强强联合的格局，以求实现双赢。

3. 美国联合包裹运输公司（UPS）和日本东芝达成合作协议：来自 UPS 旗下物流部门（UPS 供应链解决方案）的技术人员，在包裹服务的航运枢纽帮助客户维修东芝笔记本电脑，相当于东芝在 UPS 设个服务点，并利用 UPS 的技术人员为东芝笔记本客户做维修服务。这个互补的合作策略，既节省了东芝的服务时间，也为 UPS 增加了新收入。

4. 我国的中国移动、中国联通、中国电信等通信运营商也通常采取联合策略，如中国电信和中国联通曾联合展开了深度合作，签署了"资源共建共享客户服务提质"的全面合作协议。

5. 在医疗器械领域，美国安捷泰（Angiotech）和波士顿科学公司一改竞争的关系，转向合作，一起开发红豆杉药物涂层支架，从而一举超越了 Johnson & Johnson 在冠状动脉支架的销售量，成为行业第一。

关键成功因素

1. 联合各方要有共同的纽带：或是"利益＋信仰"，或是"利益＋情感"，或是"利益＋其他什么"。联盟各方所得利益必须与投入相对应才行，而且，对利益的约定越细越好。为什么战国时期六国联合抗秦那么容易被瓦解？在联盟抗秦之前，六国不仅相互厮杀过，大大地伤过感情，而且都是一群自称"寡人"的人。什么是"寡人"？天下只有我一人，叫"寡人"，就这么一群人怎么会有共同信仰？同时，六国之间各自的力量、面临的抗秦压力等均不相同，根本无法根据抗秦得、失获得公允的利益。如果只是因为利益而联盟，需要尽快出业绩，否则会沦为乌合之众。如果是短期合作，要能有立竿见影的利益。

2. 门当户对。不与不同力量的企业合作，双方有各自的优势，这种优势通常是可视化、被证实的。我们国内企业目前比较倾向的联合是共同出资成立一家公司，而很少是借助于能力互补成立公司的，根本原因是我们的企业还没发展到有能力管理操作层面的合作，充满了不确定性。不确定就不安，不安就疑神疑鬼，怀疑就心生芥蒂，然后就无法继续合作。这是企业发展的必经阶段，估计20年后能有极大的改善。

3. 各自的投入产出均衡。我们中国的民营企业的总经理大多也是企业的所有者，能二三十年发展到今天的程度，多半靠胆大心细。这里说的心细不是说做事认真，而是算计，内心深处大多痛恨合作者得到比自己多的利益，甚至痛恨自己没有多得到一些，使得很多很有前景的互补合作不得善终。

4. 联合越深入，越不容易瓦解。操作上的联合最理想，因为你中有我，我中有你。战略上的、财务上的联合形式虽然不够理想，但是因为更容易实现，所以更普遍。

我们国内的企业，尤其是民营企业，在与国外的世界 500 强企业竞争的过程当中，我认为不是员工能力比他们弱很多，关键也不在管理水平比他们低，而是输在经营上。我们一般都是用单体公司或羸弱的联盟与人家通过联合策略组织起来的整个产业链抗衡（详见第五章中的"组织能力提升规律"）。

写下您的思考

论点： 您的企业或您所在的企业应该使用该策略吗？
结论： Yes / No

事实区域
（列示企业目前的主要矛盾）

解释区域
（用"五个为什么"进行思考和判断）

行动区域
（用"看得见的语言"描述行动方案）

第二十四策：兼并整合

兼并整合指获得有着相同市场或互补市场的公司。

兼并整合是消灭竞争对手和扩充自身力量的最快方法。就像武侠小说里的北冥神功一样，灭敌的同时还强己。海外公司消灭本土品牌大多采取兼并整合策略，欧莱雅整合小护士、达能整合乐百氏、拜耳整合白加黑等大多如此。

> 案例

1. 国内炙手可热的互联网公司也频频采用兼并整合策略：滴滴、快的合并了，携程整合了艺龙。阿里巴巴一心要打造自己的数据帝国：将数据源、数据处理硬件、数据处理软件、数据呈现等领域的翘楚一步步纳入囊中。阿里巴巴在下一盘大棋，期望它成功。

2. 我们本土的传统行业就不如互联网行业了，比较尴尬：值得收购的企业，人家不愿意卖；去收购不值得收购的，还不如自己重新建。我们也就经常看到某地的一些企业摊子大，啥事都得自己操碎了心。比如说一家做养老产业的公司，它应该吃掉医疗机构，吃掉保险机构，吃掉旅游机构。否则，只靠政府给予的床位补贴是不可能长期赚钱的，甚至不赚钱。养老产业要兴旺起来不是三五年就可以的，它的使用群体是"80后"的父母，甚至得等到"80后"自己老去，从现在开始布局，10年之后才可能有较大的盈利空间。

3. 美国做数据库起家的甲骨文公司（Oracle），现在是全球最大的企业级软件公司。甲骨文也是使用兼并整合策略才成为最大的，可不是靠安安心心做好手中的产品成为第一的。从 2003 年开始，甲骨文先后收购应用软件 PeopleSoft（甲骨文自主研发的产品 EBS 的死敌），中间件 BEA Systems，工作站及服务器厂商 Sun（太阳微系统公司），网络传输产品制造商 Acme Packet 等。

关键成功因素

1. 削弱潜在目标的议价能力。企业要发达，除了要让自己强身健体之外，还要想办法对对手进行釜底抽薪。

2. 实施高明的公司并购策略。这个要展开的话够写一本 70 万字以上的书了，朋友们可以去查阅专门的书籍，书中至少应包含以下内容：并购的组织结构、交易路径、交易对价及支付安排、交易模式选择等，缺一不可。看本好书比看 100 本无聊的书都顶用。在并购中，收购方会派出自己的并购小组，其中有财务、法律、人力资源等各领域等专业人士。不过，读者们可千万不要以为这样就能通过所谓的尽职调查获得标的公司的实际情况了，连日本东芝这样成熟的企业都会在兼并整合中翻了船。东芝公司在收购美国核电企业中极大地高估了被收购企业的价值，导致东芝陷入财务危机,董事长引咎辞职[①]。

3. 消化。人、财、物如何完美地融入我们的公司?怎么给它定位:专业分工单元?产业链单元?产业组合单元?资源共享单元?还是其他什么?

兼并整合策略是商场上一种最快见效的进攻策略,迅速扩大原市场份额,占领互补市场。

写下您的思考

论点: 您的企业或您所在的企业应该使用该策略吗?
结论: Yes / No

事实区域
(列示企业目前的主要矛盾)

_____
_____
_____
_____
_____
_____

① 日本东芝公司(TOSHIBA)2016年前三财季财报。

解释区域
（用"五个为什么"进行思考和判断）

行动区域
（用"看得见的语言"描述行动方案）

第二十五策：特许经营

特许经营指授权其他组织有偿使用经营的方针、流程和品牌。

面对终端消费者的行业大多采取特许经营这种策略。少数不采取特许经营策略的可能是因为自身管理能力比较弱，为防止核心技术泄密采取直营，像小杨生煎、西贝莜面村等。

案例

最早采用特许经营策略的恐怕是成立于1925年的豪生酒店。截至1941年，当时还是餐馆连锁店的先锋豪生酒店已经开设了150家连锁店。它的系统要求独立经营者支付费用后才能获得其品牌、食品、物资和建筑设计的授权，这推动了连锁餐馆数量的快速增长。如果它当初一切都自己做，那其时间和金钱成本将远不止这些。

运用特许经营策略，特许商可大规模的低成本扩张，实行集中控制的同时保持较适宜的规模，既可赚取合理利润，又不涉及高经营风险，更不必兼顾加盟商的日常琐事。加盟商可借助特许经营"扩印底版"，避免市场风险，享受规模效益（如采购规模效益、广告规模效益、经营规模效益、技术开发规模效益等），并可从特许商处获得多方面的支持（如培训、选择地址、资金融通、市场分析、统一广告、技术转让等）。

这方面的其他案例不胜枚举，不再赘述。

关键成功因素

1. 适用于能够高度标准化的产品或服务。不能标准化，就不能复制。不能复制，产出的数量和质量就不稳定。不稳定，客户就会"抛弃"你。

2. 战略层面差异化，战术层面模块化。解决别人为什么要陪你玩，别人如何陪你玩的两大难题。战术层面要做到不需要脑子，就跟世界500强公司一样，照章办事就行。我们老提标准化，制度有了，流程有了，监督有了，为什么还是各有各招，直接原因就是不能把事情模块化，这真需要借鉴IT的思想，把世界变成0和1，除此外再无其他。所有的一切都是0、1的排列组合，这也暗合了伏羲八卦、老子那道去的一。大家都见过乐高积木吗？最简单的就是最复杂的、最深奥的，能使一切简单的就是"大神"。

特许经营也是很多企业快速上市的捷径，因为此策略能够帮助企业合众力快速冲出可观的财务数据。

特许经营策略通过授权其他组织有偿使用经营的方针、流程和品牌，使自身企业规模迅速扩大，创造企业二次发育的好机会，可以上市融资并为新的战略意图注入充足的动力。

写下您的思考

论点：您的企业或您所在的企业应该使用该策略吗？

结论：Yes / No

事实区域
（列示企业目前的主要矛盾）

解释区域
（用"五个为什么"进行思考和判断）

行动区域

（用"看得见的语言"描述行动方案）

第二十六策：开放式创新

开放式创新指利用其他公司或个人的专长、工艺或专利，培养专业优势，或者培育内部的知识产权和流程。

无法使用开放式创新策略的企业将失去未来。

我国现在进行的科技创新制度改革从本质上来讲就是国家层面在帮助企业营造采用开放式创新策略的大环境，促使科研工作者没有顾虑地、少受行政干预地将科研成果通过企业投放到市场经济活动中。另外，我们现在常见的校企合作、地方政府搭台，以及将诸多企业、机构融进某些园区以培育高新尖企业都是形成此种策略的具体实施方法。

案例

1. 世界领先的制药巨头葛兰素史克同样开发了"合作创新"的关系，承担多个领域的研发挑战，并对外公开寻求解决方案。2011年，葛兰素史克加入世界知识产权组织研究联合体，在这个新的联合体中，公共与私营部门的各种组织采用开放式创新的方法，针对被忽视的如登革热等热带病和狂犬病等开发新的治疗方案。葛兰素史克还与独立科学家和研发机构合作，识别、获取和开发关键技术以用于其个人卫生产品。如发泡技术被用于某品牌牙膏，这是4位独立合作伙伴共同努力的结果，该产品不仅由外部专家开发，而且还借鉴了其他相邻行业的工艺技术，产品的成功远超预期。

2. 海尔的张瑞敏曾经说："现在，我们变成一种开放式创新，在和用户交互的过程当中，不断迭代，并把各种资源都整合进来。迭代过程是一个试错的过程，重要的是用户要参与，如果没有用户参与，不管是渐进的还是突破性的创新，可能都没有太大的意义。"

海尔的智能家居产品，如海尔星盒、空气魔方、无压缩机酒柜等，无不是开放式创新的产品。例如，海尔空气魔方是全球首款可以模块化组合的智能空气产品，实现了加湿、除湿、净化、香薰等多个模块的自由组合，为每个家庭带来了可定制的专属"空气圈"。空气魔方的最特别之处，在于它是海尔基于开放式创新理念研发成功的一个智能产品。空气魔方不是企业基于自身能力在实验室里规划和研发出来的产品，而是基于海尔开放创新平台组成的来自8个国家的内外部专家和学者团队128人，历时6个月与全球超过980万名不同类型的用户交互意见，利用大数据分析，最终筛出81万粉丝最关注的122个具体的产品痛点需求，这成为空气魔方核心功能研发的初衷。目前，在海尔开放创新平台上成功达成的技术合作已有两百余案例。

关键成功因素

开放式创新策略与联合策略的关键成功要素相似，这里不再赘述。但是，开放式创新策略在实施过程中需要注意以下两个事项。

1. 合作的节奏。如果不是现成的成果,需要研发的话,要约定期限,不要以出结果为止。尤其当我们是外行时,听不懂、看不懂,我们需要按照对方的承诺去衡量投资回报的预期。最好能有个对赌类型的书面协议:约定不投入,若成功补齐前期投入,利益他七我们三;或者一人投一半,利益五五开;再或者全投入,利益我们七他三。

2. 开放式创新策略代表的是一种趋势,互联网更是在加速这种趋势。优秀的个体为了展现自己更大的价值将不断从各种组织中独立出来,一人公司也会越来越多,国家可能将来会出台一些政策(税收、社保等)让独立个体更便捷地、无顾虑地创造价值。各种大型组织将面临人才枯竭的命运,好的留不下,差的赶不走。不能运用开放式创新策略的企业将逐渐从市场经济中彻底消失。

开放式创新策略是从技术角度出发的一种策略,几乎没有副作用。对于企业中的职业经理人也没有损害,因为与其利益没有纠葛。所以,这种策略在职业经理人群体中也不存在阳奉阴违的情况。朋友们可能经常听到各种场合讲职业经理人根本利益是与企业利益一致的,道理是对的,但如果我们不是一个高尚的、伟大的人,在面临对自己不利而对企业有利的人或事时,我们绝大多数人可能一样会去坚决抵制。这就是为什么我常说老板和员工是天敌的原因,这也是为什么现在股权激励越来越受企业主重视的原因。

第三章 商业模式策略辞典

写下您的思考

论点： 您的企业或您所在的企业应该使用该策略吗？

结论： Yes / No

事实区域
（列示企业目前的主要矛盾）

解释区域
（用"五个为什么"进行思考和判断）

155

商业模式革新

行动区域
（用"看得见的语言"描述行动方案）

第二十七策：资源再利用

资源再利用指将浪费的资源、副产品和其他周边产品与有需求的客户相连接，将一切化为资源，即使是我们产生的废物，亦是他人之资源。

企业因为种种原因会产生多余的资源或产能，或在提供生产或服务的时候还会产生一些自己不想要的东西，如材料用过后的边角料、残次品等。企业这些多余的资源、副产品或周边产品，如果能够妥善解决将极大地减少资源投入和浪费，从而增加意外之财。

案例

1. 有些大公司可以利用自己集中采购的优势价格获得大量物资，再转手其中的一部分加价卖给其他需求者。再有，餐馆不要的饭菜就是养猪场的最爱，地沟油可以成为航空燃料……

2. 二手商品交易是资源再利用策略应用的典型，比如转转作为58同城旗下的"二手闲置交易平台"，不仅可以减少资源浪费，还可以使买卖双方同时受益。对于买家，以低价获得心仪之物；对于卖家，转让闲置物品可以利用转让收入提升生活品质。

关键成功因素

价值的传递环节需要具有经济性。简单的，如养猪场直接去餐馆拉厨余垃圾；复杂的依赖于整体设计，如化工厂各反应装置，厂区科学布局以实现对能源的最高效利用，争取最低损耗。

我们可别觉得资源再利用这个策略稀松平常，这里面可以做的文章多了去了。比如超市，每天的生鲜产品是有自然损耗的，因为随着时间的流逝会坏，那就可以考虑过几天便宜卖给养殖企业。甚至我们有意去创造副产品，比如我们人人都要上班回家，顺便捎带个快递就是资源再利用。开动脑筋，我相信总有您可以做的事情。就如上文所说，如果价值传递环节不经济的话会阻碍资源再利用能量的发挥，很多大的价值传递依赖于前期设计，临时设计会使可行性下降。比如，我们在开设铝制品厂的时候就打算使用资源再利用策略，所以设在了金属手工艺制品企业的旁边，使得我们的价值传递环节就具有了经济性。

资源再利用策略变废或者变副为宝，几乎能够运用在所有行业及企业，也是将成本中心转变成利润中心的一种策略。这个策略实施的好能够在无形中发挥产业链竞争的优势，而不是自己的单体企业参与市场竞争。

第三章　商业模式策略辞典

写下您的思考

论点： 您的企业或您所在的企业应该使用该策略吗?

结论： Yes / No

事实区域
（列示企业目前的主要矛盾）

～～～～～～～～～～～～～～～～～～～～～～～～～～
～～～～～～～～～～～～～～～～～～～～～～～～～～
～～～～～～～～～～～～～～～～～～～～～～～～～～
～～～～～～～～～～～～～～～～～～～～～～～～～～
～～～～～～～～～～～～～～～～～～～～～～～～～～
～～～～～～～～～～～～～～～～～～～～～～～～～～
～～～～～～～～～～～～～～～～～～～～～～～～～～

解释区域
（用"五个为什么"进行思考和判断）

～～～～～～～～～～～～～～～～～～～～～～～～～～
～～～～～～～～～～～～～～～～～～～～～～～～～～
～～～～～～～～～～～～～～～～～～～～～～～～～～

商业模式革新

行动区域
（用"看得见的语言"描述行动方案）

第二十八策：供应链整合

供应链整合指协调和整合横跨公司或价值链的不同部分的信息或流程，促成供应链伙伴之间更高水平的协作，以低成本和高速度为客户提供最大价值的产品或服务。

绝大多数企业都处于整个产业链中的某一环，这样就会有自己的上游企业和下游企业。比如家电制造企业，它的上游之一是电子元器件企业，下游之一是电商或门店。

案例

1. 中粮集团打造的就是全产业链，从农产品原料到最终食品销售的全部环节——种植、收割、仓储、贸易、养殖、屠宰、加工和销售。中粮集团期望通过全球布局、上下游一体的全产业链使集团从低成本、稳定的客户、供应商和物流中受益。

2. 罗尔斯·罗伊斯是世界上最大的引擎制造商之一。为了革新低效的供应链，罗尔斯·罗伊斯推出了"40天引擎计划"，即一个引擎从客户下单到拿到货，只要 40 天。为此，罗尔斯·罗伊斯对产品流和信息流进行了改革。在产品流上，它推行设计标准化和精益生产，重新组织生产流程，从采购、运输、发货等部门协调，极大提升了效率。在信息流层面上，它建立了统一的信息平台，供应商在线输入交货日期、数量，信息即时共享。罗尔斯·罗伊斯为每辆运输的车辆配备 GPS 系统，实时定位。供应链整合策略在实施了几年就有了显著的成效。

关键成功因素

1. 降低复杂度

- 产品：零部件越少越好，标准化程度越高越好，选用的材料越大众化越好。
- 流程：面向客户，节点越少越好，振荡越少越好。
- 组织架构：贵精不贵多，架构不能简单地认为层级少、部门少就好，要看它是否适应了内外部环境的变化。

2. 让资产轻起来

资产重，意味着需要更多的资金投入，更多的投入意味着更大的风险。在欧美，专业化分工很明确，公司走的是轻资产、专业外包的路。比如耐克、苹果，自己没有生产设施（重资产），都是依赖合同制造商。他们也没有物流、仓储设施，同样依赖第三方。我国企业大多重资产运营，大而全的供应链解决方案看上去好，但对管理水平要求极高。比如，中粮集团虽整合了庞大的产业链，但产业链内成员企业的食品安全管理一直是其头疼的难题。

3. 供需节奏一致

供应链上、中、下游协调一致。比如，我们3日内要1000枚螺丝钉，上游就来1000枚螺丝钉，不多不少，不快不慢；我们3日后提供1000块钢板，下游3日内需要1000块钢板，也刚刚好。这就是理想状况，应当是企业一生追求的目标，就算我们一时半会做不到，但应该每年接近一点，无限接近。

需要注意的是：供应链整合这个策略未必能提升企业的整体效益。如果流程不是最优的，只是将外部协调转化成了内部协调，可能会使隐性成本更高。比如中国一重，自2012年以来固定资产增加几倍，营收却持续减少。

供应链整合策略是通过协调和整合横跨公司或价值链的不同部分的信息或流程来为企业创造超额利润。供应链整合策略和联合策略、资源再利用策略都是能够实现靠产业链竞争胜出的策略，这是能获取超额利润的策略，也是与世界500强竞争的关键，谁的链能力更强，谁才有可能更胜一筹。

商业模式革新

> 写下您的思考

论点：您的企业或您所在的企业应该使用该策略吗？

结论：Yes / No

事实区域
（列示企业目前的主要矛盾）

~~~~~~

~~~~~~

~~~~~~

~~~~~~

~~~~~~

解释区域
（用"五个为什么"进行思考和判断）

~~~~~~

~~~~~~

~~~~~~

第三章 商业模式策略辞典

行动区域
（用"看得见的语言"描述行动方案）

第二十九策：合伙人制

相对于雇佣而言，合伙人制的本质在于建立一套再分配机制，转变职业经理人的身份，实现利益共享、风险共担的管理机制，为内部员工提供创业平台，帮助人才实现自己的人生价值。

"人是最重要的资产"，不再是口号，而是一种商业模式的创新策略。雷军在谈用人之道时强调：团队第一，产品第二，有好的团队才有可能做出好的产品。在小米公司成立初期，雷军把大量时间用在寻找合伙人上。

合伙人制主要分3种情况，即股份合伙、事业合伙、业务合伙，很多公司都混合应用。

• 股份合伙，即合伙人投资并拥有公司的股份，成为公司股东，参与公司运营的同时，也承担经营与投资风险、享受股份分红。股份合伙常见于创业企业，共同出资、共同经营，合伙人一般称为创始合伙人。

• 事业合伙，即常见的虚拟股份或项目跟投，员工出资认购公司虚拟股份，共同经营、共享利润、共担风险，但并不涉及法人主体或工商注册信息变更。

- 业务合伙，即经营团队独立自主进行业务开拓与执行，公司独立核算，合伙人享受团队经营所得的利润。

案例

1. 万科的事业合伙人制

万科在 2014 年 3 月初提出了"事业合伙人制"，之后相继完善了公司持股计划与项目跟投制度。万科之所以迫切地建立合伙人制，用时任万科总裁郁亮的话说："我们要掌握自己的命运，我们要形成背靠背的信任，我们要做大我们的事业，我们来分享我们的成就。"万科事业合伙人制的主要内容包含持股计划与项目跟投，未来还将打造生态链合伙人，如图 3-3 所示。虽然从股权来讲，公司属于资本方所有；但实际上，所有的员工、所有的职业经理人都参与到公司整个合伙机制里。

项目跟投	■ 适用于一线公司管理层及项目管理人员 除旧改及部分特殊项目外的所有新项目，所在一线公司管理层和该项目管理人员必须跟随公司一起投资，公司董事、监事、高管可自愿参投；员工初始跟投份额不超过该项目资金峰值的5%。
持股计划	■ 适用于一定级别管理人员 公司董事、监事及高管，总部及地方公司一定级别以上的管理者参与持股计划，高管购买有下限，员工购买有上限。
生态链合伙人制	■ 产业链上下游 施工单位等产业链上下游企业对参与的项目进行一定比例的跟投。

图 3-3 万科的合伙人制

万科的合伙人制改革激活了组织，跨部门扯皮减少，协同效率大大

商业模式革新

提升，将公司的业绩、股市的表现、投资的风险与员工紧密联系在一起。项目开发的过程中，项目所在区域公司要求相关人员必须跟投项目，共享利益、共担风险，而管理者须将年终收入购买公司的股票，使得所有人员的收入不再仅仅靠个人绩效考核来定，而是与公司的收益、项目的收益紧紧捆绑在一起。

万科合伙人制还将逐渐沿着产业链向上下游合作伙伴延伸，让万科产业链上下游的参与者能够参与到利益分配和风险共担上来。比如，将施工单位发展成事业合伙人，减弱偷工减料的动机，提高工程质量。这相当于将产业链的利益相关者"圈进来"，重构一个生态体系，非常符合我一直强调的用产业链与对手竞争。

2. 咨询公司的业务合伙人制

国外大多数咨询公司都采用业务合伙人制的管理方式。如IBM、麦肯锡的合伙人基本都是从基层的咨询顾问做起的，成为合伙人后，既要承担公司的业务开拓与团队管理，也要关注公司的战略发展并享受公司经营所得的利润。

国内一些大型咨询公司也通过合伙人策略将公司打造成平台化的组织，吸引外部合伙人，合伙人自己开拓业务、搭建团队、自负盈亏。咨询公司作为平台为合伙人团队提供支持和服务，包括财务资源、人力资源、行政资源等，并从中抽取一定的服务费。咨询公司凭合伙人策略迅速整合了人才资源，有效降低了人员的固定成本；同时，也极大地激励了有才之士，使其能够自由、迅速地组建团队，扩大公司规模。

关键成功因素

1. 合伙人制更适合知识型、轻资产型的企业。不是什么企业都适合合伙人制。对创造力要求较高的行业、企业，人就是公司资产的企业比较适合运用合伙人制，这样更容易凝聚人才，激发每个人的创造力。

2. 清晰的价值交换机制。企业为合伙人提供什么？合伙人为企业提供什么？如果彼此提供的不是对方需要的就是"错配"，必不持久。一般来讲，企业作为平台应该为合伙人管"两头"，"前头"是销售线索、资源准备支持、品牌建设、决策所需的其他信息，"后头"是财务核算等，合伙人为企业管"中间"，获取并完成订单或合同。

3. 合理的退出机制。当合伙人不能再为公司创造价值，或者彼此就是"错配"关系时，合伙人要能动态调整。当然，有的公司存在永久合伙人（比如阿里巴巴），但对于绝大多数合伙人来讲一定是动态的。股份合伙的情况尤其要注意4点：在一定期限（1年）内，约定股权由创始股东代持；约定合伙人的股权与服务期限挂钩，且股权应分期成熟（比如4年）；股东中途退出，公司或其他合伙人有权溢价回购退出合伙人未成熟、甚至已成熟的股权；对于离职不交出股权的行为，为避免司法执行的不确定性，应约定高额的违约金。

商业模式革新

> 写下您的思考

论点： 您的企业或您所在的企业应该使用该策略吗？

结论： Yes / No

事实区域
（列示企业目前的主要矛盾）

解释区域
（用"五个为什么"进行思考和判断）

第三章 商业模式策略辞典

行动区域

（用"看得见的语言"描述行动方案）

第三十策：资产标准化

资产标准化指只购买、使用一种规格的资产以降低运营成本；同时，增加互联性和模块化。

重资产经营的企业有许多机器、设备、工具等，如果型号、规格大多不同就意味着更高的维护保养成本、维修成本，因为需要更高技能的团队实施、运用多种不同的材料。

案例

1. 美国西南航空公司在 2011 年收购美国穿越航空公司之前，只使用波音 737 这一种机型。通过这样的做法，美国西南航空公司降低了服务成本，精简运营并允许机组在机场实现快速转场，有效地支撑了美国西南航空公司的低成本战略。

2. 我以前所服务的一家客户，属于制造业，生产大型设备。一提到螺丝钉，负责生产的主管就来气，装配设备时用上百种螺丝钉，有些螺丝钉难以区分，常出现领错螺丝钉规格的情况，只能重新去换，光跑流程就要1天。这还算幸运的，万一装错没发现，安装到产品上，产品发给客户后没用几天，螺丝钉就松了，几百万元一台的设备就"死"在那儿了。客户投诉或退货是自然而然的事情了，损失了金钱不说，公司的品牌形象和信誉也严重减分！如果将装配在设备上的螺丝钉都设计成同一标准就能大大降低此类事件的发生概率。

关键成功因素

1. 不能影响到目标客户。像西南航空那样，用什么飞机都是把人安全地送到目的地，只要能保证这一点，什么飞机都能用，没什么不同。如果在这基础上能探索出多少座的飞机最经济那就更理想了，实践证明西南航空做到了。

2. 资产生命周期足够长。如果统一标准化的资产没用两年就被市场淘汰，那对企业来讲可就得不偿失了。

其实，资产的标准化并不局限于制造业，轻资产企业也可以通过一定的技术和手段达到相近的效果。比如做管理软件的，只要有完备的文档资料，人人都能做复杂的系统配置，等于是通过文档把人标准化了。做管理咨询的，很多人都是拿着模版去做的，这就是通过模版把人标准化。不过有时做过头了，只有模版、只有套路，缺乏智慧和真知灼见就不能帮助客户在激烈的市场竞争中脱颖而出。如果坚持自己的方法论，不管有没有用，依葫芦画瓢去做，实际上就忘记了资产标准化策略成功的关键之一是不能影响到目标客户，这是很多管理咨询缺乏价值的根本原因之一。

价格由市场决定，成本由复杂度决定。资产标准化策略能够降低运营成本，增加互联性和模块化，其本质是化繁为简。我们已经不止一次强调要化繁为简了，这是商业的大智慧所在。

写下您的思考

论点：您的企业或您所在的企业应该使用该策略吗？
结论：Yes / No

事实区域
（列示企业目前的主要矛盾）

解释区域

（用"五个为什么"进行思考和判断）

行动区域

（用"看得见的语言"描述行动方案）

商业模式革新

第三十一策：能力聚裂变

能力聚裂变指聚集资源、实践经验和专业知识到组织内部分享，充分培训到组织单元或个体，相关单元或个体通过实践发展和改进，进而再反哺到组织。

能力聚裂变策略能够帮助企业减少重复工作，提高工作绩效，甚至做到未卜先知。

案例

1. 万达集团建有一个商业规划研究院，是全国唯一一家从事商业及文化旅游项目规划设计并进行全过程管控的技术管理和研究机构。它是万达集团从事商业业态规划、文化旅游项目规划及大型购物中心、五星级酒店、秀场及演艺剧场、主题公园等大型项目的建筑设计的能力聚集中心。它汇集了一流人才，是万达商业地产核心竞争力的重要组成部分。这很可能是万达敢于由"重"转"轻"的前提。

2. 麦肯锡公司，现代管理咨询的开创者，于1926年在美国成立，是管理咨询界的西点军校，是能力聚裂变的典范。麦肯锡公司建有两个知识库：项目经验和业务发展，一个是同客户工作时取得的知识，另一个是从公司内部建立起来的知识库。麦肯锡公司同时出版《知识资源指南》以帮助顾问掌握信息资源，知道找谁能了解到自己想要的东西，了解最前沿的研究领域。

为了使业务发展数据库足够强大，麦肯锡公司挑选行家、权威和创新者组成 5 个团队充实这个数据库的力量，分别专注于积累和解决五大类问题：非行业特性的问题（财务、制造等）、重要层面的问题（领导、组织绩效等）、特定行业的问题（石油、天然气等）、研究与创新、基于问题的创新（私有化、反常现象等）。所以，我们会发现，一个完全没做过钢铁行业的顾问查一遍数据库就知道热轧钢板出现"面包卷"的主要原因是什么，就像我们刚才开篇说到的未卜先知，剩下的就是在实践中去印证这些问题。

麦肯锡公司还创造了很多咨询方法和工具以帮助顾问去有效地分析问题和解决问题。咨询方法有两类七种三等级，分基础科学类和应用科学类，其中的七步成诗、MESE 原则、金字塔原理这三大方法被全球企业和个人广泛应用于企业经营管理的方方面面，是麦肯锡公司之所以是麦肯锡公司的核心表征。核心的分析工具有 5 类 18 种，用于分析企业的前世、今生、来世以及该怎么做、底线是什么。

3. 麦当劳于 1961 年就建立了汉堡大学，教授餐厅经营课程，从那时起，已经有超过 8 万名的餐厅经理、中层管理者和业主或运营商从那里毕业。麦当劳通过这种"聚变"为组织源源不断地培养人才，进而促成许多麦当劳餐厅发生"裂变"，开发新"菜式"。麦满分就是加盟商在 1971 年推出的，这帮助麦当劳开发了早餐业务，而这项业务已经占到其全部销售额的 15%。

关键成功因素

1. 内容与量级。必须清楚哪些资源、实践经验和专业知识值得管理，需要防止的是事实的堆砌——这是没有价值的，值得管理的是分析、整理后的东西。安排复合型人才主导此项工作，如果一个人能练成十八般武艺、七十二项绝技那肯定比 18 个人一人练成一种或几种要强得多得多。集中到一定程度才能产生力量，别指望一蹴而就。

2. 存储与传播标准。没有标准就不便于复制，必须规定好存储方式（可以是文档，可以是企业大学，可以是某个部门）、关键词、命名规则、权限管理等，原则是要简约，不要让建设和维护它的人觉得很烦琐。比如某 IT 系统提供方的标准为：ERP 实施团队负责制定知识存储与传播的各项标准和审核文档是否能够上传与共享，定期整理同类文档；人力资源部负责核实各人的知识共享情况作为激励实施的依据。

不同类别的知识存储格式或模板如下所述。

• IT 实操类：截图加文字描述。首先要描述业务场景，要解决什么业务问题；其次，描述系统的配置步骤，最基本的配置可以引用其他文档，如果没有可引用文档需详细描述；再次，描述测试步骤；最后，描述正确的测试结果应当是什么。另外，可以备注在配置和测试中常犯的错误及原因。

• 知识技能类：首先要说明该知识或技能用于解决什么具体问题；其次，描述知识或技能是什么；再次，说明如何掌握它；最后，说明如何在实践中运用它。

• 心得体会类：首先要说明体会的是什么；其次，说明是在什么实践中体会的；再次，说明自己总结出来的规律是什么；最后，给出对其他人实践的建议。

共享位置只保留最新版本的文档,存储位置为团队的共享文件夹,文件命名规则明晰。建立文档审核标准,上传前必须经过团队审核。员工可以实时上传文档,并对自己上传的文档进行实时更新或修改。在文件检索方面做到易于检索,按照业务逻辑设定检索词,完善分类管理,按照不同的层次进行分类。

3. 配套的激励机制。解决"教会徒弟饿死师傅"的矛盾。员工对能力管理的态度大多是又爱又恨,需要有物质奖励和精神奖励来驱使人们行动。至于能力库的使用问题可以不用担心,如果能力库里都是有价值的东西,大多数人自然愿意去掌握。怕的就是能力库里没什么对工作有帮助的东西,都是废话连篇,一堆堆的模板,没有实质有价值的真知灼见。

4. 传播过程中必须有培训大师的角色。强将手下无弱兵,就怕强将不擅长培训他人,估计能够联想自己能力成长经历的强将培养出人才的概率更高。最难能可贵的是:强将一般能训练出能够自我创造的人,而不仅仅是学会做事。

5. 量化指标,验证有效性。不能衡量就不能管理,不可以将完成了任务等同于创造了价值,需要建立量化的 KPI 评估能力培养的效果。比如,管理层经常需要处理的一个情况是花很少的资源激励员工努力工作,并且留住绩优员工。中高管理层需要掌握什么能力呢?激励能力、沟通能力都是必要的。完成相关课程就行了吗?其实,这是不够的。在实际情形中,管理层具备的能力应该更全面。

能力聚裂变策略最大的价值在于使能力成为组织的而不是个人的,通过组织能力的聚裂变,形成企业的核心竞争力。

商业模式革新

| 写下您的思考 |

论点： 您的企业或您所在的企业应该使用该策略吗？

结论： Yes / No

事实区域

（列示企业目前的主要矛盾）

解释区域

（用"五个为什么"进行思考和判断）

第三章 商业模式策略辞典

行动区域
（用"看得见的语言"描述行动方案）

商业模式革新

第三十二策：分权管理

分权管理指将决策权交给下级和更接近业务运作的员工。

分权管理最好能做到谁接近市场谁说了算，只有这样才能保证组织对外部环境极强的适应能力。为了获得这样的适应能力，组织内部需要做配套的调整：流程、架构、责权利等，这是我个人认为理想的组织变革情境。有朋友会认为：那怎么行，让下属做决策还不天下大乱吗？其实不然，企业如同军队，一线指战员没有临场指挥权的军队注定要失败。

案例

1. 美国最大的天然食品和有机食品零售商——全食食品公司，以彻底的分权管理方式而闻名。全食的每家门店都有很强的自主性，由自我指导的团队来管理。例如，每个团队自行决定备什么货以及如何陈列，自行决定招聘事宜，只要团队中 2/3 的成员认可就行。每家门店自主经营、自负盈亏，店内的每个团队都有非常清晰的绩效指标。

2. 国内兴起一些互联网公司也采用分权管理策略，以保持高度的灵活性，适应市场瞬息万变。我有幸认识一位互联网公司CEO，在他的领导下，该公司对员工充分授权，员工可以在任何时候进出高层的办公室，或以Email、电话等形式提供好的想法，或召集公司内部人员成立小组从事专项研究的活动；碰到难点、困难时，任何员工可以组织召集高管会议，或组织其他部门的员工参与会议。这种分权的文化，使得其保持对市场的高度敏锐性，快速崛起。

关键成功因素

1. 适合环境瞬息万变的行业使用。等到一线人员的信息传递回总部得到高层批准早已经错失战机了。

2. 创造分权的三大外部条件。

① 要有统一的目标体系，一种具有因果联系的目标体系，从公司到部门再到个人。

② 要有清晰的流程机制，讲得清怎么做，要求的做法、标准是什么，做到风险前置、标准化和信息化。

③ 构建统一的责权利体系，权力有多少、责任有多少，利益就有多少。不过，要注意不要把对方担不起的责任给他（她）。

3. 创造分权的两个内部条件。

① 有效激励，使得获得权利的人愿意自主决策。

② 能力匹配，招聘或培养能够胜任岗位的人。否则，分下去的权不仅对个人是一种煎熬，对组织也是一场噩梦。

如果最高决策者能够随时了解外部环境的变化，是否就不需要分权了呢？答案是否定的。信息技术——互联网帮助物理距离遥远的决策者们能瞬间掌握市场环境的变化，但分权除了有助于适应外部环境变化外，还是激励有能力的员工的最佳手段。越有能力的人越有潜在的主观能动性，愿意实践自己的设想并为此负责，已经掌握信息的决策者们只需要发现并防止明显错误的恶意行为即可。一直听命行事的是奴才，不是人才。

分权管理策略将决策权交给下级和更接近业务运作的员工，不仅能对外部环境的变化进行快速反应，还能极大地激励有能力的员工。

写下您的思考

论点：您的企业或您所在的企业应该使用该策略吗？
结论：Yes / No

事实区域
（列示企业目前的主要矛盾）

解释区域
（用"五个为什么"进行思考和判断）

行动区域
（用"看得见的语言"描述行动方案）

商业模式革新

第三十三策：激励系统

激励系统指提供财务或非财务方面的奖励刺激一些特别的行为。

钱没给够、干得不爽是马云总结的人才流失原因。正好，激励系统这种策略正是来解决这个问题的。

案例

1. 1914年，福特付给年龄大于22岁的工人工资是当时最低工资的两倍；同时，每天的工作时间也比别人少1小时，为8小时。这不仅降低了熟练工的离职率，还使工人们买得起他们自己制造的汽车。

2. 谷歌为了吸引和激励顶尖的科学家和工程师，在办公场所提供睡觉的地方、娱乐的设施（如滑滑梯、桌球、游戏机等），还有健康、丰盛的免费餐饮，推拿按摩，等等。谷歌的员工可以把他们每天20%的工作时间放在新概念或新项目上，什么意思，就是不干老板交代你的活，你自己玩，自己琢磨。这种轻松愉快的工作环境成为创新意识的孵化器，造就了无穷的创造力，谷歌的语音服务、谷歌新闻、谷歌地图上的交通信息等，全都是这 20% 时间的产物。

关键成功因素

超出被激励对象的预期。永远记住一个原则，超出预期才能激励人，无论是财务的还是非财务的，达到预期只是不会不满意。为什么楚汉相争时期，韩信有实力自立为王却不背叛刘邦，当时的详细局势我们不得而知，但刘邦对他有知遇之恩肯定是一个重要原因，刘邦还与其同车、同衣、同食。要知道，韩信在被刘邦聘请为三军统帅之前是没有指挥战争经验的，刘邦能这么做远远超出了韩信的预期，等于是董事长在你没任何总裁经验的情况下任命你做 CEO，而且同吃同住，不说无以为报，你还哪来的脸面去反叛？

我们在能力聚裂变策略中提到过，不要把完成任务当成创造价值，我们的管理制度恐怕十之八九都只是在浪费组织资源。大家会发现规定要做的事情都做了，规矩也都有了，就是有没有效果却没人关心，反正按章办事就是了。

激励系统策略旨在提供财务或非财务方面的奖励刺激一些特别的行为。一旦员工产生内在动力，不是只为钱而工作，公司的政策、制度没有涉及的范围，员工也会尽力为公司增收益、省成本，这常被人们理解成企业文化的力量。否则，即使公司有很多规定，我们也会发现 1 个政策至少会产生 100 个对策。

商业模式革新

> 写下您的思考

论点： 您的企业或您所在的企业应该使用该策略吗？
结论： Yes / No

事实区域
（列示企业目前的主要矛盾）

_____
_____
_____
_____
_____
_____
_____

解释区域
（用"五个为什么"进行思考和判断）

_____
_____
_____
_____
_____

行动区域

（用"看得见的语言"描述行动方案）

商业模式革新

第三十四策：IT 整合

IT 整合指整合技术资源和应用。

中国企业正处于对 IT 有高度需求的阶段，无论是自主研发还是外部购买。但是，要想为组织创造最大价值的关键是整合，不在于单个软件应用或硬件有多强大，在于组合起来有多强大。这种组合，可以是企业内部系统的组合，也可以是企业间系统的组合。比如，近两年新推出的医院挂号体系与收费系统就采用了 IT 整合策略，整合了支付宝系统、银行卡系统、社保卡系统、身份证系统、条码系统，实现了移动终端挂号与缴费。这项举措大大节约了医院的人工成本，并且减少了患者的等待时间。

案例

1. 智能公交在各大城市都已经运营成熟，人们可以通过公交站台的电子站牌上的信息知道车辆将何时到站。公交公司也实现了对公交车辆的位置监控、计划排班、线路调度等功能。这背后的逻辑即是整合了车辆 GPS、前台管理系统、视频监控系统，通过无线通信，实现了公交车辆、电子站牌与中心管理平台之间的数据信息传输，实现信息实时发布的功能。

　　大家所熟知的高德地图通过与公交车自身的GPS定位系统整合，实现了实时公交动态显示功能。也就是说，市民点开高德地图APP，即可随时随地查询到公交实时到站信息，距离自己所在站点的公交车有几辆在路上、预计几点几分到达本站均一目了然，可以合理安排出行时间并提升出行效率。除了及时了解实时公交信息以外，还可以结合手机传感器，实现实时GPS下车提醒。

　　2. 国内的许多物流公司整合仓储管理WMS系统与GPS定位系统，能够按照运作的业务规则和运算法则，对入库、出库、仓库调拨、库存调拨、虚仓管理、批次管理、物料对应、库存盘点、质检管理等进行更完美的管理，有效控制并跟踪仓库业务的物流和成本管理。而GPS实现对车队的实时监控，实现信息对称、规避风险，全面提升运作效率，从而提升公司的市场竞争力。

关键成功因素

　　1. 心中有全局，手中干局部。局部应用时就要思考整体布局。比如，我们买一个云服务，如果发现根本不能和我们别的系统兼容不就是麻烦吗？拥有这种云不就是自己给自己挖坑吗？

　　2. 负责整合的团队必须精通业务。整合团队需要做的是变革，不是依葫芦画瓢，否则会发现只是线下搬到了线上，操作更困难更复杂。为什么？因为任何事一旦进IT系统就会失去灵活性，我们在业务上习以为常的灵活变通地操作在系统里不能实现或极其困难，组织效率不升反降。整合不是练书法里的描红，而是在空白纸上画山水，胸无成竹就会"鬼画符"。同时，精通IT和业务的人才将是企业运营能力竞争的核心。

否则，整合看上去解决了一个原本关心的矛盾，又会制造出新的矛盾。

我们可以试着畅想一下：组织内部管理能否像商品的条形码管理那样，工作任务就像一个个商品，有条码，进展如何，在哪里，谁管的，结果如何，清清楚楚。

IT整合策略通过整合技术资源和应用使纷繁错乱的企业经营管理共享性、即时性、透明性成为可能，能够挖出影响组织绩效的"恶魔"。

写下您的思考

论点：您的企业或您所在的企业应该使用该策略吗？
结论：Yes / No

事实区域
（列示企业目前的主要矛盾）

~~~~~~
~~~~~~
~~~~~~
~~~~~~
~~~~~~
~~~~~~

第三章 商业模式策略辞典

解释区域
（用"五个为什么"进行思考和判断）

_____
_____
_____
_____
_____
_____

行动区域
（用"看得见的语言"描述行动方案）

_____
_____
_____
_____
_____
_____
_____

商业模式革新

第三十五策：组织解放

组织解放指设计能解放生产力的企业组织。

案例

1. 印度最知名的零售品牌之一 Fabindia 是一家销售面料、服装和居家用品的零售商，倡导一种"社区拥有企业"的模式。也就是说，当地手工艺生产人员拥有并经营公司，同时向 Fabindia 供应手工艺产品。这种组织结构使 Fabindia 和手艺人双方都受益，Fabindia 的产品供应得到保障，工匠们得到稳定的收入。随着企业的成长，工匠手里的股份不断增值，他们还可以得到企业分红。由于有稳定的收入，工匠们更容易得到贷款，扩大生产规模。他们的产品，除了卖给 Fabindia，也可以卖给其他企业。

2. 美国最大的私人企业之一戈尔公司是一家做电子产品、纺织品、工业产品以及医疗产品的公司，在全球有一万多名员工。戈尔公司从 1958 年成立至今一直使用"扁平网状"的组织架构，内部团队被刻意维持在较小规模，以鼓励所有人的投入和创新。各项活动均通过"承诺"，而非命令来管理（大家可以把它理解成类似于自己提计划那种情况）。加入公司1年之后，每个成员都成为公司的股东。

关键成功因素

能够解放生产力才是根本。

组织架构决定了组织的生产关系，这种关系由三个要素构成：企业资源的所有制形式，企业所有成员在生产过程中的地位及其相互关系，利益分配方式。要想解放生产力，企业就要不断调整和优化这三个要素，核心是利益分配方式，但它又由前两个要素决定。所以，我们要明白组织确定的利益分配方式是否真能起作用，要看我们确定的成员关系是否会阻碍这种利益方式的分配。比如，我们在企业内部提出激发全员创新能力，对提出改进计划并有成效的实施一定的奖励，但我们确定的组织成员关系却是森严的等级制，官僚主义。那么，无论是创新的提出、实施、评定，还是激励的评定、实施都取决于企业的"官老爷们"首不首肯，所谓全员创新很可能就成了大家茶余饭后的笑话。

官僚主义一直都是解放生产力的头号敌人，大到跨国集团，小到生产班组，有官僚主义的组织有一个非常鲜明的特征就是大家都不论策略的对错，只顾领导的喜好。

在互联网时代更需要也更有条件充分运用组织解放策略来解放组织的生产力。凯文·凯利曾预测：层级化组织结构变成分散式的网络结构是一个长期的趋势。这个结构非常有效，执行会非常迅捷。竞争战略之父迈克尔·波特也说过："信息技术为所有产品带来革命性巨变，将颠覆现有的企业价值链，迫使企业重新思考自身的方方面面，甚至重构组织架构。"这个时代背景使人类社会越来越像自然界的生态系统，只要我们认真去模仿自然界就能构建出最有利于生产力解放的生态组织。配合IT整合策略、激励系统策略和流程自动化策略等诸多策略将收到奇效。

组织解放策略提醒我们不要沉迷现象，抓住组织架构需要与核心竞争力、业务流程匹配的本质，即生产关系必须适应生产力的发展。另一方面，如果我们期望获得更高的生产力就必须主动去改善生产关系，而不是等到需要"革命"的一天。

写下您的思考

论点： 您的企业或您所在的企业应该使用该策略吗？
结论： Yes / No

事实区域
（列示企业目前的主要矛盾）

_____
_____
_____
_____
_____
_____

第三章 商业模式策略辞典

解释区域
（用"五个为什么"进行思考和判断）

行动区域
（用"看得见的语言"描述行动方案）

第三十六策：外包

外包指找外部供应商发展或维护经营体系，降低成本与经营风险。

如果我们想节约成本，而且想集中精力办增值的事，那就需要用到外包策略。当然，外包策略并不是大家简单理解的如阿迪达斯、耐克、苹果等公司把生产外包给其他供应商的形式，这种形式只是外包策略中的一小部分；同时，我们还要注意区分它和我们之前讨论过的供应链整合策略。外包策略是专注在自己的产业内，不向产业链的上、下游延伸。

案例

1. 印度知名的连锁酒店——生姜酒店，通过外包策略将设备管理、洗衣、维修、食物、饮料等事项全部外包，使酒店客房与员工的比例只有普通商务酒店的 1%，不仅节约了人员成本，而且使自己的精力能够更加集中。

美国一家清洁用品制造商 Method 将产品生产外包给五十多家分包商，由此形成一个灵活、弹性的制造过程。

2. 房地产开发商把楼盘销售外包给中介公司。相对来说，中介公司拥有完善的培训、专业的渠道、大量的客户储备，并且熟悉当地市场，拥有当地人员配置，有更优越的条件完成销售。对开发商来讲，销售外包，能够控制成本，不但是资金成本，还有时间成本，且避免了整体组织架构过于冗杂。把专业的事情交给专业的人来做，对双方都是一件双赢的事情。

关键成功因素

1. 赚钱的留着，花钱的包出去。赚钱部分，必不可少的留下，其他全部外包。一次外包不完，每年外包一点。不要再单独设部门专职负责与供应商的协调，各相关单元自行与供应商沟通协调。这会引出个新问题，假设自己做比外包便宜呢？看实际情况，因为除了我们易于衡量的显性成本外，其实企业当中伴随显性成本而生的还有很多隐性成本。我们应该确定一个比较周期，算算同一个周期内显性成本和隐性成本之和是多少，再同外包比较。

2. 寻找或主动培养好的供应商。比如，我们想把 HR 的事务性工作包出去，我们能不能把自己企业内部的 HR 培养成一个 HRBP 独立子公司，专门做工资、社保、处理员工关系等工作。也许，我们会担心彼此配合难协调，其实不然，用契约去协调比用跨部门沟通协调更有效。我们需要特别关注的是他们的沟通协调机制是如何的，是否能及时响应我们的需求。就寻找还是培养而言，我个人更倾向于培养，尤其是我们打算外包出去的业务本来就比较专业、出色的时候。

3. 恰当的供应商管理。这点参考供应链管理领域对供应商管理的要求即可，这里不再赘述，好的书籍和资料不少。需要提醒的是，不要弄得太复杂，提炼 5~7 个关键绩效指标衡量供应商绩效即可，因为供应商可能难以承受复杂的管理所带来的隐性成本。

外包策略通过找外部供应商发展或维护经营体系。害怕外包单元与我们主体经营配合有问题的，有效方案之一是通过自行培养供应商来解决。

写下您的思考

论点：您的企业或您所在的企业应该使用该策略吗？
结论：Yes / No

事实区域
（列示企业目前的主要矛盾）

解释区域

（用"五个为什么"进行思考和判断）

行动区域

（用"看得见的语言"描述行动方案）

商业模式革新

第三十七策：O2O

O2O 即 Online To Offline，运用新技术使企业能够通过线上、线下结合的方式为消费者提供更便捷的服务。

随着移动互联、大数据与智能化的发展，企业的运作模式也在急速的发生转变。过去不可能的事情，现在一部智能手机就轻松解决了，新技术正在以极快的速度颠覆着企业的"玩法"。在时代变革的浪潮中，企业要想立于不败之地，必须解放思想，拥抱新技术，应用新技术，完成蜕变与重生。

O2O 已经融入我们的生活，从美团到大众点评，从生鲜超市到鲜花盆栽，从家政服务到出行旅游，各行各业都在应用 O2O。有些行业更适合 O2O，比如酒店业、旅游业等，应用 O2O 可以为客户增加价值，这种价值可以是降低成本、规避风险，也可以是提升效率或客户体验。有些行业比较难适应 O2O，比如很多外卖平台 O2O，无论是客户还是商户，性价比都不明显，最后只能靠"价格"比拼。

案例

1. 万豪酒店 O2O 贵宾入住流程

万豪酒店之前的贵宾入住流程：客户打电话预定→酒店接机→管理团队迎接→到店排队办理登记→前台核对客户信息→客户填写表单并签字→凭房卡入住。

运用 O2O 改造后的贵宾入住流程：客户手机预定→预安排房间放置礼品→机场接机→管理团队迎接→手机办理入住→手机作为房卡开启房门。整个过程可以不经过前台，如图 3-4 所示。

图 3-4　万豪酒店贵宾入住流程

万豪酒店运用 O2O 实现了整个入住流程在手机端进行。为客户带来的价值是全程无等待时间。并且，这个流程不仅仅只能针对贵宾，对所有的宾客都可以做到手机自动办理入住登记开房，全程无须等待。

对酒店来讲，顾客通过手机办理预约、登记、入住，也可以节约酒店人工成本，节省大量单据、入住表单、房卡等。酒店在维持高质量服务水平的同时，管理成本得到显著降低。

2. 车辆维修保养

相信很多车主对 4S 店的"小病大修"印象深刻。服务不透明、车辆维修时暗箱操作、店家诚信体系缺失、价格高、质量难以保证、排队时间长、修车师傅服务态度差等都是车辆维修保养市场消费者的痛点。那么，如何打破这种信息不透明、提升服务质量并且使服务变得快捷便利呢？下图是我为本田汽车建议的 O2O 策略，如图 3-5 所示。

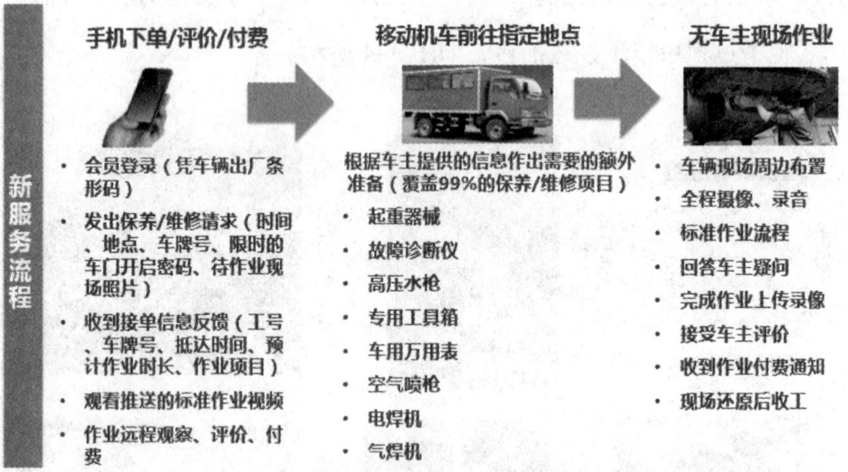

图 3-5　车辆维修保养流程

O2O 策略应用了智能化技术，并充分运用自动摄影与录音技术，实现线上下单、线下做单及线上付费与线上评价的闭环。

对于车主：解放了时间，也许吃一顿饭的工夫保养就做完了，不必预约排队去 4S 店；又实现了服务的全透明（明显优于"透明车间"），消费者能够比照标准动作予以评价，解决车主最关心的问题。

对于 4S 店：品牌车企不再需要那么多的 4S 门店，看起来减少了能够压货回款的渠道，但却能集中所有 4S 店的资源做好做强该做的市场。更重要的是：这非常符合行业发展趋势，生产与销售汽车的利润空间只会越来越小，利润机会将主要来源于汽车维修、保养市场。

关键成功因素

1. 针对客户的"顽疾"更有意义。一直被诟病，没有同行愿意改善的地方是最佳突破口，尤其是那些能够降低成本或增加价值的地方，对此做出的设计一般都将是颠覆型的。如果只是为了O2O搭平台就不是长久之计，比如一些外卖O2O，平台能给消费者的价值就只剩下价格，能给商家的价值就是降了价的客源，至于说给消费者带来了便利，也是要消费者付出了额外代价，消费者不仅要额外支出快递费，还要承担"黑作坊"等食品安全的风险。如果这种企业还不创新的话，那么当资本的追捧过去，免不了只留下一地鸡毛的命运。目前看来，这门生意只有盘活闲置资源才利于长久。

2. 简化客户端。简单地说就是在交互使用上，用户能够轻便地完成整个受服务过程，但产品或服务提供商没有减少任何本应提供的价值。

3. 结合新技术。随着线上、线下相连接越来越紧密，同时虚拟现实结合的AI、AR等技术逐渐的商业化，人工智能技术的发展，这必然会革新服务体验。比如，万豪小小的智能开锁，就能免去前台办理房卡的麻烦等。

4. 用户反馈。"没有用户反馈的O2O都是耍流氓"，大量用户的反馈是持续改善细节的法宝。

商业模式革新

> 写下您的思考

论点： 您的企业或您所在的企业应该使用该策略吗？
结论： Yes / No

事实区域
（列示企业目前的主要矛盾）

解释区域
（用"五个为什么"进行思考和判断）

第三章 商业模式策略辞典

~~~~~~
~~~~~~
~~~~~~
~~~~~~

行动区域
（用"看得见的语言"描述行动方案）

~~~~~~
~~~~~~
~~~~~~
~~~~~~
~~~~~~
~~~~~~
~~~~~~

商业模式革新

第三十八策：众包

众包指将重复性的或者挑战性的工作外包给一批半组织化的个体，这么做能化天下人才为己用，极大地降低自行制造的风险和固定成本。大家耳熟能详的维基百科就是通过众包策略获得众多独家信息，从而树立起自己的业内地位的。

案例

1. 制药巨头葛兰素史克（GSK）开发创新端口，被称为"创新就在GSK"。它允许外部人士研究其技术和产品需求并提供合作创意。创新项目为期24个月并以签约的形式展开，由一名创新经理和创新交流团队为合作者提供引导和支持服务，以确保创新项目顺利进行。

2. Threadless社区的艺术家设计T恤和其他产品。他们经常与其他用户互动，寻找反馈和推广设计、激励投票和销售。如果一个设计投入生产了，艺术家会获得2000美元支票和500美元购物券。

关键成功因素

1. 建立开放的外部平台及规则。唐朝为什么是当时世界上最强盛的国家，因为它开放，兼容并包。众包平台不仅要让人们容易上来，还要让人们有足够的自由和激励，无为之治最好。我个人认为：只要是在法律范围框架内，有助于原因挖掘和解决方案产生的言论都可以。比如，某些交流平台，如果有人经常以自己写的文章的形式发起一些话题讨论或专业思考，管理者不仅不应该害怕这类人喧宾夺主而把他"踢了"或禁言，还应该善加利用，相互增强以众筹广大的智慧。

2. 提出预测型或前瞻性话题。提出什么话题供大家讨论其实取决于公司对解决方案的迫切程度和平台参与者的类型，要防止远水救不了近火。类似像公司的顽疾、潜在的危机、发展愿景都是不错的内容，不过，这些内容的对象如果是公司产品或服务的消费对象那就是对牛弹琴了。

3. 最好不需要内部多部门协调。中国企业最难的不是智慧、能力、专业，最难的是内部协调，谁也不买谁的账。所以，至少在实施众包策略时，多部门协调是错误的选择。

我在开放式创新策略中已经说过，个人将越来越独立于组织创造价值。读者朋友们现在就要开始不断积累实力，时刻准备着，当公司不再需要你时，你如何同时为各种不同的公司创造价值。也许未来5~10年，事务性工作完全外包，智力性工作完全众包。没有积累者只能去事务性工作的外包公司打杂，不仅枯燥无味，还得被人使唤来使唤去。

众包策略是通过将重复性的或者挑战性的工作外包给一批半组织化的个体寻求新的突破。组织外的个体更不受组织内部的束缚，什么部门及个人关系、利益等都不用考虑，一门心思去创造。可以说，一个崇尚创新的公司不使用外包策略是不可能永远保持创新的，人们终究会产生惯性思维，落入俗套。每家注重创新的公司都应该有一个像春秋战国时期秦国开设的"四方馆"那样，时不时地抛出一些朝堂上的难题发起讨论，从人们的讨论中发现非凡的人才和项目机会。外包策略和众包策略是降低组织复杂度最有效的策略，帮助企业实现"大企业体魄、小企业灵魂"。

> 写下您的思考

论点： 您的企业或您所在的企业应该使用该策略吗？

结论： Yes / No

事实区域
（列示企业目前的主要矛盾）

~~~~~~

~~~~~~

~~~~~~

~~~~~~

~~~~~~

~~~~~~

第三章 商业模式策略辞典

解释区域

（用"五个为什么"进行思考和判断）

行动区域

（用"看得见的语言"描述行动方案）

第三十九策：流程标准化

流程标准化指使用通用、易得的产品、程序或者政策，降低程序复杂度和显、隐性成本，减少错误。

严格来讲，流程标准化属于供应链整合策略的子策略，还记得我们谈到供应链整合策略成功的关键之一就是降低程序复杂度吗？流程标准化策略就是降低程序复杂度的一种有效方法。有规定的流程和流程标准化是两码事。企业里有很多规章制度确定了做某事的流程，但不同于我们这里给大家介绍的流程标准化。我们这里强调的是降低程序复杂度，而不是通过规范控制风险。

案例

1. 全球家居知名品牌宜家开发了适用于任何国家或地区的扁平包装家具，其产品的构件和使用说明不会因购买地点而发生改变，从而有助于优化企业内部生产流程与运输流程。

2．国内兴起的爱空间家装通过流程标准化策略在提供低价的同时，也降低了工期。它提出标准化家装，包括确定的价格、确定的效果、确定的品质、确定的工期和确定的服务，将整个装修服务流程拆解为16道工序、88道工艺、240道工法，让装修像流水线一样去操作，做到产品标准化、交付标准化和服务标准化，用户只需要选择符合自己的套餐即可。此举有效地避免了用户在家装过程中疲于奔命或忐忑不安的境况，在用户做出购买决策前，套餐的风格、所有建材型号及价格都已经确定，这也提升了装修的设计速度、采购速度和材料供应速度。

3．京东为了打造用户完美体验，从用户下单到最后交易完成，包括退换货完成，设计了34个大的节点、一百多个具体流程的标准化工作。比如，在用户下单后，由系统确认现有库存是否满足用户订单需求。如果不能满足，那么系统需判断这件产品能不能被预订。如果库存不足，又不允许预订，那么系统直接拒绝用户下单。如果不存在以上两种情况，系统接受下单后，还会在5分钟内做出很多其他判断，比如：哪个库房更近；用户是否还买了别的东西，这个库房是不是有货；如果商品是一个库房的，一起配货发送要比分拆发送用户体验好得多。这样，系统就会一级一级查找库房，直到找到一个最佳的出货库房。

关键成功因素

将通用性贯彻始终。比如：不同的产品能够做到体积差不多，可以使用相同的包装、相同的运输条件、储存条件；不同的服务要求可以被相同的人去满足；等等。总而言之，在从采购来的那一刻起到交付到客户使用、维修、保养，其中的任何一个环节，不同产品或服务都尽可能的具有通用性。

变相实践

我们还可以把思路打开一点，保持我们管理制度中的通用性，就可以防止我们不停地给自己的制度打补丁。一旦打补丁，我们就会发现自己公司的制度很复杂，甚至是制度制订人理解起来都要好长一段时间？如何做到制度中的通用件呢？结构化是其中一种方法。比如，我们公司所有对人的管理，前提就是分层分类，所有的薪酬、绩效、培训等政策都可以以此出发制订政策。注意，分层、分类之后就应当不同层、类里的人没有交集，如果有就证明我们应当修改分层分类标准了。公司里的所有内容，包括财务、信息系统、供应链等所有方面，仔细去想都能找出其中的通用件。

多产品或服务的大规模企业使用流程标准化策略更能凸显出它的价值。

写下您的思考

论点： 您的企业或您所在的企业应该使用该策略吗？
结论： Yes / No

事实区域
（列示企业目前的主要矛盾）

解释区域
（用"五个为什么"进行思考和判断）

行动区域
（用"看得见的语言"描述行动方案）

第四十策：预测分析

预测分析指利用过往的表现数据建模，预测未来的结果，支持产品设计和定价。

好的企业总是能把有利的事情由不确定的方向朝确定的方向发展，把不利的事情由确定的方向朝不确定的方向发展。以前没条件，大都靠人的个人智慧决策；现在科技发展了，数学工具和方法不断地被企业应用并为其决策提供支持，从而能够有效管理不确定性。我们仔细想想，不确定性恐怕既是人类恐惧的根源，亦是人类希望之所在。

案例

1. 有130年历史的江森自控彻底重塑了其楼宇管理方案的成本和性能。该方案包括气候控制系统、基于感应驱动的自动化系统以及其他设施管理工具，使江森自控能远距离实时监控、分析能耗信息，及时做出调整和改进。

2. GE航空也执着地测量、监控和模型化自己发动机的性能，以预测发动机需要服务的时间及未来的成本，并据此合理地构建其服务系统。名为"myEngines"的数字服务系统使机群经理即使在飞机处于移动过程中仍能监控发动机；与此同时，他们优化了的"ClearCore"发动机清洗系统帮助 GE 工程师为飞机提供服务，以提升飞机的燃油消耗性并延长发动机的使用寿命。

关键成功因素

1. 适用于改进，不适用于革命。基于过去预测未来，实际上是对当下的一种延续，很难对拐点的出现做出判断。基于此，预测分析这个策略并不适合用来做商业决策，而适合用于产品或服务的改进，非要说大的改变的话，最多是弄出一个升级版的新产品或服务。当有一天（估计十几二十年后），大多数企业或个人都在用数据模型预测未来时，这个策略才应被用于商业决策。这跟带兵打仗一样，为什么《三国演义》里的诸葛亮能神机妙算，每每料敌先机，因为敌人的规律被他掌握了，他非常清楚敌人遇到什么情况就会做出什么反应。现实社会里，在用数据模型之前，彼此的"规律"大多都是隐藏的，只有大家都在大数据的模型里才能彼此洞悉，从而运用从模型中得知的"天命"先发制人或另辟蹊径。

2. 预测模型的质量。从来没听说谁靠现有的数学方法得出准确或较准确的预测值的，最多是能得出一个定性的趋势。关于提高预测模型质量方面的研究，希望大家能够自己更多地去阅读专门的书籍，我们不在此详述。我们能够提供的建议是一个好的预测模型一定不复杂，这同自然科学是异曲同工的，如同牛顿的万有引力定律、爱因斯坦的质能公式等。有人说这能一样吗？没错，一样的，世间的各种公式其实就是一种数据模型，在发明之后不才用来预测当其中某个因子确定时，其他因子的值吗？万物的道永远都只是同一个东西，殊途同归。也许我们的宇宙存在一个叫"宇宙代码"的东西，类似于计算机程序，人和事物将如何发展变化都是事先代码编好的，只是我们不知道而已。

写下您的思考

论点： 您的企业或您所在的企业应该使用该策略吗？
结论： Yes / No

事实区域
（列示企业目前的主要矛盾）

_____
_____
_____
_____
_____
_____
_____

商业模式革新

解释区域
（用"五个为什么"进行思考和判断）

~~~~~~~~~~~~~~~~~~~~~~~~~~~~~~

~~~~~~~~~~~~~~~~~~~~~~~~~~~~~~

~~~~~~~~~~~~~~~~~~~~~~~~~~~~~~

~~~~~~~~~~~~~~~~~~~~~~~~~~~~~~

~~~~~~~~~~~~~~~~~~~~~~~~~~~~~~

~~~~~~~~~~~~~~~~~~~~~~~~~~~~~~

行动区域
（用"看得见的语言"描述行动方案）

~~~~~~~~~~~~~~~~~~~~~~~~~~~~~~

~~~~~~~~~~~~~~~~~~~~~~~~~~~~~~

~~~~~~~~~~~~~~~~~~~~~~~~~~~~~~

~~~~~~~~~~~~~~~~~~~~~~~~~~~~~~

~~~~~~~~~~~~~~~~~~~~~~~~~~~~~~

~~~~~~~~~~~~~~~~~~~~~~~~~~~~~~

第四十一策：用户创造

用户创造指鼓励你的用户创造，并通过这种创造展示出你的产品或服务的成功之处。

用户创造策略常与平台化策略配合使用。大家不要把用户创造理解成为客户提供定制产品或服务，前者是在界定框架下自己"玩"，后者是用户自己定框架及其所有东西。

案例

1. 开源型的管理软件产品 Odoo（OpenERP），原始厂商提供底层架构和基本功能，用户可以在里面按自己需求进行界面开发和程序开发。界面开发允许具有相应权限的用户在 ERP 操作界面上添加字段、模型、视图、动作、菜单等。程序开发能够使用 IDE 写程序代码来完成模块开发。

Odoo 的开源模式让其可利用无数开发人员和业务专家，在短短数年内打造数百款应用。截至目前，Odoo 拥有超过 5400 位外部开发人员，已经有了三千多个功能模块，涉及 23 种语言。Odoo 活跃的社区在不断修正各类错误，贡献各种用途的模块，这也是传统 ERP 所不具备的。如果有很厉害的功能设计人员配合程序员，其实是很容易就能将某些功能模块做成某行业或某领域的最佳解决方案。

2. 豆瓣网是一个社区网站，创立于 2005 年 3 月，该网站以书、影、音起家，提供关于书籍、电影、音乐等作品的信息。该网站上，无论描述，还是评论都由用户提供和创造。在豆瓣上，用户可以自由发表有关书籍、电影、音乐的评论。可以搜索别人的推荐，所有的内容、分类、筛选、排序都由用户产生和决定，甚至在豆瓣主页出现的内容上也取决于用户的选择。

豆瓣利用用户的智慧收集内容，并回报于用户，让用户参与服务生产全过程，激发并利用用户的专业潜能。用户可以通过社区进行交流，获取帮助，用户自发参与传播与推广。豆瓣不鼓励"灌水"和转载，也没有复杂的积分和等级系统，目的就是提供真正有价值的内容，这也是豆瓣最成功的关键因素之一。

如今，各种知识分享平台、短视频、在线音频分享网站等都运用用户创造策为用户创造价值，如知乎、土豆视频、喜马拉雅 FM、千聊直播等。

关键成功因素

1. 降低创造的难度和成本。用户要能够很容易就掌握创造的技能并从中获得期望的价值,不要让用户学个十天半个月的才能熟练运用。比如说开车,谁家的汽车要是能设计、生产出不需要考驾照就很容易自由玩耍就厉害了。现在的汽车都是在一味追求驾驶体验或者经济性,缺乏革命性的产品,我们可以认真期待颠覆者的出现——比如真正的无人驾驶汽车。

2. 避免创造的产品或服务质量较低。这可以从两个方面加以管理:一是从源头控制,用户定位清晰,比如豆瓣的用户定位于受过高等教育的青年学生,为创造内容的主体设置一些门槛条件;二是防止内容虚假及广告性质的信息出现。

总之,用户创造策略要求提供者划定一个圈,用户在圈内能自由玩耍,甚至玩出提供者未曾想出的花样就更理想了。

商业模式革新

写下您的思考

论点： 您的企业或您所在的企业应该使用该策略吗？

结论： Yes / No

事实区域
（列示企业目前的主要矛盾）

~~~~~~

~~~~~~

~~~~~~

~~~~~~

~~~~~~

~~~~~~

解释区域
（用"五个为什么"进行思考和判断）

~~~~~~

~~~~~~

~~~~~~

~~~~~~

第三章　商业模式策略辞典

行动区域
（用"看得见的语言"描述行动方案）

商业模式革新

第四十二策：订单驱动

订单驱动指接到订单后才备料、生产。商业社会里，最佳状态是没有拿到钱或是订货合同就不开始采购、生产、交付的任何一个环节。实际上，订单驱动与马云提的"新零售"期望达到的目的异曲同工。

> 案例

1. 戴尔电脑是订单驱动这一策略运用得最好的公司之一。戴尔直接接受客户多样化的订单，然后按日、按周或按月进行供需匹配，帮助公司避免了库存的积压，并且降低了采购成本。我们知道，电脑的零部件主要为半导体产品，这类产品的价格每周都会下降1%，两个月差不多就下降了10%。由此，这种按需生产使戴尔公司的零部件成本就比其他公司低了10%。电脑的制造成本中七成来自零部件，因此，戴尔公司就有了下调价格的余地（7%）。

2. 国内的必要商城，打破传统电商运营模式，一头连着消费者，一头连着奢侈品制造商，是一个C2M的电商平台。必要商城的目标是去除中间环节，将用户直接连接工厂，工厂按单生产，可以不提前备货，有别于淘宝、京东。

关键成功因素

采用订单驱动策略需满足下面的两个因素任意中的一个。

1. 强大的交付系统。能够以常规的市场供应时间交付到客户手中。因为没有像传统企业那样备有原材料等库存，要想做到这一点需要很高超的体系管理能力。

2. 弥补客户的等待价值。提供足够的低价或超出预期的高价值。如果是低价，那肯定不能是在靠提供的产品或服务去盈利，需要其他策略或者促成其他目的的实现。比如，必要商城提供低价的同时，运用预收费策略，提前获得大量现金流。如果是高价值，需要满足定制化和柔性制造的条件，天生就有此优势的是眼镜行业，如镜腿或镜片上打上你的个人 Logo 等。我个人不太支持前一种做法，因为依靠低价意味着要么导致企业发展资金短缺，要么需要布下一个大局，只是以此为棋子，布局周期长、投入大，所以风险高。后一种做法从个人消费用品来讲，是一种趋势，而且更容易达成。

订单驱动策略是接到订单后生产，避免了库存的持有成本。订单驱动策略与前文已经介绍过的供应链整合策略、后文将讨论的定制化策略等配合能有效地帮助企业实现轻资产化。

商业模式革新

写下您的思考

论点： 您的企业或您所在的企业应该使用该策略吗？
结论： Yes / No

事实区域
（列示企业目前的主要矛盾）

解释区域
（用"五个为什么"进行思考和判断）

第三章　商业模式策略辞典

行动区域
（用"看得见的语言"描述行动方案）

商业模式革新

第四十三策：风林火山

风林火山指从产品或服务的设计到销售结束极速完成。

天下武功，唯快不破。占领人们心智的总是市场上的第一位领先者，无论是产品，还是服务。

案例

1. 服装及配饰零售商印第纺织公司控股的 Zara 成功演绎了时尚界的极速传说。仅仅 3 周，从素描本上的草案到进入专卖店销售，无论是在哪个城市或门店。Zara 有效整合了设计、生产、物流和分销系统，缩短了周转时间，允许门店经理最低限度地持有库存。其设计师能够迅速检查生产问题，并对时尚趋势变化做出快速反应。同时，Zara 精心规划了遍布世界各地的供货商和经销商。它还建设了内部物流系统，以尽量缩短从配送中心收到订单到实际发货到门店的时间。门店员工不间断地将购物者的需求和愿望等信息传达给 Zara 由 200 人组成的创新团队。Zara 的新款产品每周两次送到零售店。

2. 诺基亚曾是手机界的"大哥大",但却失败了,失败的原因之一就是对市场的反应太迟钝。诺基亚故步自封,没能正确估量竞争对手的分量,市场趋势面前反应缓慢,最终失败在智能手机上。实际上,在苹果手机问世前,曾有员工建议诺基亚研发触屏手机,但被高层认为成本高而否决了。

我们可以试想一下,如果当初阿里巴巴没有迅速布局天猫商城,追求品质,现在会是怎样一个局面?依靠淘宝能否像今天这般领先于国内其他电商?

关键成功因素

1. 适合消费端喜新厌旧的行业,比如时尚业、服装业,关键是一个快字。要想快,除了自己的营销能力外,还得是消费者天生就会快的行当。它的必然快决定了整个市场必然快,我们自己的能力只是决定了消费者不选竞争对手选我们而已。

2. 用尽一切提速的手段。好的信息系统是必需的。不要以为有系统就会快,设计得一般的系统不仅不会快,还会增加成本。规则清晰,不需要人为沟通协调最好,比如每天前 10% 的消费者偏好将被纳入设计人员的设计需求,那就没什么好审批了,马上做,信息系统支撑,自动生成设计命令。

风林火山策略要求从产品或服务的设计到销售结束极速完成,百米加速 0.1 秒,要以迅雷不及掩耳之势打击竞争对手。

商业模式革新

> 写下您的思考

论点：您的企业或您所在的企业应该使用该策略吗？
结论：Yes / No

事实区域
（列示企业目前的主要矛盾）

_____
_____
_____
_____
_____
_____

解释区域
（用"五个为什么"进行思考和判断）

_____
_____
_____
_____

行动区域
（用"看得见的语言"描述行动方案）

第四十四策：本地化

本地化指调整产品、流程和服务，以适应特定的文化或地区。

橘生淮南则为橘，生于淮北则为枳。即使我们不主动去因地制宜，事物也会有因地制宜的变化，这样反而使"病痛容易发生在暗处，更难治"。

案例

印度联合利华为了迎合缺乏资金或不愿意购买大包装产品的印度人，将传统销售的大包装产品或多功能包装产品分拆成小型、一次性的袋装产品。

关键成功因素

1. 收益会大于成本吗？实施本地化是对标准化的一种挑战。不使用标准化意味着需要付出额外的成本做出本地化的修改，这种修改需要精打细算，不仅是明账，还有暗账。

2. 柔性组织支撑。我们算好了账，确实收益大于成本，能落地实施吗？对公司总部的决策体系、本地的业务体系都是一种考验。具体实施中，分权管理策略和柔性化策略是本地化策略的最佳配合策略。

本地化策略调整产品、流程和服务，以适应特定的文化或地区。不过，只是价格上的本地化是不会创造什么持续的竞争优势的，而且还会带来窜货的烦恼。

> 写下您的思考

论点： 您的企业或您所在的企业应该使用该策略吗？
结论： Yes / No

事实区域
（列示企业目前的主要矛盾）

_____

_____

_____

_____

_____

_____

解释区域
（用"五个为什么"进行思考和判断）

～～～～～～～～～～～～～～～～～～～～～～～～～～～～
～～～～～～～～～～～～～～～～～～～～～～～～～～～～
～～～～～～～～～～～～～～～～～～～～～～～～～～～～
～～～～～～～～～～～～～～～～～～～～～～～～～～～～
～～～～～～～～～～～～～～～～～～～～～～～～～～～～
～～～～～～～～～～～～～～～～～～～～～～～～～～～～
～～～～～～～～～～～～～～～～～～～～～～～～～～～～

行动区域
（用"看得见的语言"描述行动方案）

～～～～～～～～～～～～～～～～～～～～～～～～～～～～
～～～～～～～～～～～～～～～～～～～～～～～～～～～～
～～～～～～～～～～～～～～～～～～～～～～～～～～～～
～～～～～～～～～～～～～～～～～～～～～～～～～～～～
～～～～～～～～～～～～～～～～～～～～～～～～～～～～
～～～～～～～～～～～～～～～～～～～～～～～～～～～～
～～～～～～～～～～～～～～～～～～～～～～～～～～～～
～～～～～～～～～～～～～～～～～～～～～～～～～～～～

第四十五策：柔性化

柔性化指采用能灵活应对变化并保持高效的业务系统。这里所说的业务系统指的是一个提供给客户价值的过程，包括价值是如何创造出来的，如何传递到客户手中的。这其中，已经被应用得比较成熟的是柔性生产制造方面的技术和方法。

案例

意大利萨瓦尼尼公司，全球制造钣金柔性加工系统的最杰出代表之一。S4+P4 金属板材柔性加工线集成了多列立体仓库、S4Xe 冲剪复合中心、P4Xe 多边折弯中心、各类堆垛装置和翻转装置，是最有效的金属板材生产方式之一。无须任何中间处理，S4+P4 柔性加工线即可完成对标准板材的冲压、剪切和折弯，从而生成金属板材成形零件。初始板料自动上料，而完工后的工件可以在生产线的末端直接收集。在不占用生产时间的前提下，可灵活的编程和自动设置。

S4Xe 冲剪复合中心配有一套复合冲头库，冲头无须更换，最多可以同时安装46副模具。每一副模具都有一套冲压装置，能独立于其他模具，在其位置上精确地进行冲孔加工。所以，整个过程无须冲头更换时间。

P4Xe多边折弯中心配有萨瓦尼尼专利ABT折弯技术，一幅通用的万能折弯模具，无须更换就可以完成大部分折弯形状。全自动的上压料器调整装置ABA技术，可以在辅助运行时间内完成板料的定位和零秒调整时间。

S4+P4柔性加工线可以配置在不同的模块解决方案中，从简单到复杂以及高度自动化的配置方案。自动化方案可以带有从自动仓库上料或卸料到自动加工的装置。这使得整套设备极其富有柔性，并且，它完全可以根据可用的有效空间和客户的生产加工过程的特点来进行配置。

关键成功因素

突破口是一种新技术或新方法的应用，至少对于行业来说是新的。有可能是阿米巴模式等。不过，无论实现手段和路径为何，都需谨记什么才叫具有柔性化，能够不施加外力产生自适应性的叫柔性化。比如：交付价值过程产生矛盾，不用人去协调、沟通，矛盾自行消失且以后不会再发生此类矛盾，这叫柔性；你去买东西忘带钱包，手机能支付或者靠"刷脸"就把东西买回来了，这叫柔性。

柔性化策略的最高境界是使我们的业务体系能像一个聪明的个体那样灵活，这是至善之境。注意：不是一群人，是像一个人那样灵活。

柔性化策略采用能灵活应对变化并保持高效的业务系统。从组织层面来讲，更适宜用生态化这个词来替代柔性化。关于生态化，我们在组织解放策略中有所阐述，欲知详情的可以查阅组织解放策略的内容。

| 写下您的思考 |

论点： 您的企业或您所在的企业应该使用该策略吗？
结论： Yes / No

事实区域
（列示企业目前的主要矛盾）

解释区域
(用"五个为什么"进行思考和判断)

行动区域
(用"看得见的语言"描述行动方案)

第四十六策：定制化

定制化指按个体需求或规格定制产品。已经有越来越多的行业、企业尝试运用定制化策略来实现差异化竞争，如服装、器皿、家居、图书等。

案例

1. 国内目前上线了一种定制化保险的服务，根据用户提供的关键词信息，为不同的用户量身定制合适的保险产品打包方案。

2. 玛氏食品旗下有一家个性巧克力定制网站，网站的用户可以指定巧克力颜色，加上自己喜欢的文字、标识或图片。

3. 赛恩，丰田汽车旗下的一个子品牌，用户能够相当自由地设计并打造一款自己真正想要的跑车。客户可以在五款车型中选一款作为基础型，然后挑选一系列附件和配件。这些配件可以从丰田买，也可以从丰田的配件商处买，包括霓虹灯、增压器、碳纤维柱以及其他成百上千种配件。

4. 海尔定制。通过海尔定制平台众创汇，用户可进行大规模个性化定制。通过众创汇官网，消费者可体验模块定制、众创定制、专属定制等多种具有实践意义的定制方式，并可以与设计师进行在线互动。海尔互联工厂为用户提供实时监测功能，通过产品与 RFID 绑定、制造过程信息实时采集，全流程数据均可追溯，真正实现个性化定制和柔性化生产。

关键成功因素

1. 把握定制的动机。动机无非两种：心理上的，想要与众不同，虽然都是杯子，但我们可以形状不同、颜色不同、材料不同等；生理上的，完美贴合自己的使用，比如按照自己身材做的衣服就能完美贴合。即高值定制化或规模定制化。前者追求与众不同，而不仅仅是印个指定的 Logo 等，我们可以把它理解成是一种无限定制；后者需要与柔性化策略配合，使其具备定制的规模经济特性，是一种有限定制，比如只提供选项让消费者选择。

2. 理解客户的认知。信息对称的情况下好办，比如衣服，双方都理解肩宽、臂长、胸围等，不会出现理解偏差。信息不对称时，比如一些特种设备或软件，如果不能理解客户的要求，很容易南辕北辙，陷入无休止的客户抱怨和修改中。

定制化策略按个体需求或规格定制产品。这种做法已经突破了产品本身的使用价值，更多地满足了客户对自己认可的某种方式的选择。

第三章 商业模式策略辞典

> 写下您的思考

论点： 您的企业或您所在的企业应该使用该策略吗？
结论： Yes / No

事实区域
（列示企业目前的主要矛盾）

～～～～～～～～～～～～～～～～～～～～～～～～～～
～～～～～～～～～～～～～～～～～～～～～～～～～～
～～～～～～～～～～～～～～～～～～～～～～～～～～
～～～～～～～～～～～～～～～～～～～～～～～～～～
～～～～～～～～～～～～～～～～～～～～～～～～～～
～～～～～～～～～～～～～～～～～～～～～～～～～～

解释区域
（用"五个为什么"进行思考和判断）

～～～～～～～～～～～～～～～～～～～～～～～～～～
～～～～～～～～～～～～～～～～～～～～～～～～～～
～～～～～～～～～～～～～～～～～～～～～～～～～～
～～～～～～～～～～～～～～～～～～～～～～～～～～

商业模式革新

行动区域
（用"看得见的语言"描述行动方案）

第四十七策：扩展

扩展指允许从内部或第三方添加东西，增强能力。

> 案例

1. 非营利组织莫斯拉因火狐浏览器而广为人知。火狐是由莫斯拉在开源平台基础上所创建的网页浏览器，允许独立开发者制作上百种独立插件程序。火狐浏览器的使用者已经超过 4.5 亿人。

2. 诺基亚在 2009 年 5 月正式成立了 Ovi Store，但现在却很少人记得了。Ovi Store 是一个封闭的纵向一体化平台，上面的应用软件是有限的，卖的都是自家的商品，Ovi Store 在发布头 3 个月下载量仅为 1000 万次，而当时的苹果 App Store 下载量早已突破了 10 亿次。Ovi 失败的根源在于忽视第三方开发的重要性，不具扩展性。而 App Store 是一个开放的第三方平台，是个大卖场，有不断更新的、源源不断的活的生态系统，有自更新、自进化功能，这也是 App Store 成功的关键所在。

3. 像 Oracle 和 SAP 这样的企业管理软件领导者就可以运用扩展这

个策略做件事情（我个人畅想内容）：打造自己的套装产品，让实施商开发各种适用于一地甚至一企的增强模块，放在平台售卖来分享利益，能使自己的产品获得标准化的形、定制化的心，最大程度地满足市场需求，同时降低自己的开发成本。通过企业用户在线试用体验和售后评价实现对二次开发产品的评审，以决定它在平台的去留和收益分享机制。

关键成功因素

1. 充分运用消费者和相关生产者的想象力，让利益相关者有机会发挥。

2. 为他人进行扩展提供便利。可能是技术上的，如果是代码，那一定是开源的；可能是渠道，人家弄出来的东西有一个面向公众的地方可以放。就像创业者和投资人的最佳关系，投资人不仅仅有资金，还有一些资源能放大创业者的能力，是合伙不是投资。

扩展策略允许从内部或第三方添加东西，增强能力。扩展策略和平台化策略的主要区别在于：平台化搭台不唱戏，扩展是搭台唱主角。平台化就像航母战斗群的作战指挥系统，在平台上的是航空母舰、护卫舰、巡洋舰、驱逐舰、补给舰、潜艇等；而扩展就是自己作为航母战斗群中的航空母舰，加上来的都是攻击机、预警机、反潜机、直升机等。

写下您的思考

论点： 您的企业或您所在的企业应该使用该策略吗？
结论： Yes / No

事实区域
（列示企业目前的主要矛盾）

解释区域
（用"五个为什么"进行思考和判断）

商业模式革新

行动区域
（用"看得见的语言"描述行动方案）

第四十八策：化零为整

化零为整指将离散的部件整合成完整的体验，往往形成的就是消费群体渴望的整体解决方案。

案例

1. 一站式整体家装正活跃于市场，有些智能家居公司推出全屋定制模式的整体家装，将客厅、书房、餐厅、卧室等系列整合在一起，满足了消费者一站式选购、产品风格一体化的需求。同时，家装公司提供统一的测量、生产、安装、配送和售后服务，为消费者提供了便利性。由雷军的顺为资本投资的爱空间家装，将地板、地砖、门、漆、吊顶、柜、灶、灯、五金等家庭装修所有会用到的产品整合在一起，加上自己的设计，推出二十多天完工的互联网家装产品。

2. "方便午餐盒"是由 Oscar Mayer 将可以单独销售的饼干、午餐肉、奶酪和甜点打包销售的新点子。这使得父母准备学校午餐简单轻松，也使得孩子们的午饭更丰富。

关键成功因素

1. 出发点是解决用户分别购买使用的麻烦。比如众多商业地产公司创造的一站式购物环境就很有价值，电商平台更是提供了消费者一次上网就能比较、选择的机会。

2. 对供应链管理能力要求高。否则，隐性成本会很高，不利于快速占领市场和持续盈利，也很难有抗复制的能力。关于这一点，我们已经在供应链整合策略中详细讨论过，这里不再赘述。如果我们提供的是无形产品，那么对团队的复合能力要求就很高。关于复合能力，我们在能力聚裂变策略中也有阐述，同样不再多说。

化零为整策略将离散的部件整合成完整的体验。难点是要发掘出哪些地方客户期望有一站式的产品或服务。有意思的是客户并不总是那么明白自己的需要，有时候他们自己也没想到自己有这种需求，而是你提供之后才恍然大悟：原来还能享受到这样的东西。就像 iPhone 4 问世时大多数人才发现：其实自己更喜欢非诺基亚式的手机。

第三章 商业模式策略辞典

> **写下您的思考**

论点： 您的企业或您所在的企业应该使用该策略吗？

结论： Yes / No

事实区域
（列示企业目前的主要矛盾）

～～～～～～～～～～～～～～～～～～～～～～～～

～～～～～～～～～～～～～～～～～～～～～～～～

～～～～～～～～～～～～～～～～～～～～～～～～

～～～～～～～～～～～～～～～～～～～～～～～～

～～～～～～～～～～～～～～～～～～～～～～～～

～～～～～～～～～～～～～～～～～～～～～～～～

解释区域
（用"五个为什么"进行思考和判断）

～～～～～～～～～～～～～～～～～～～～～～～～

～～～～～～～～～～～～～～～～～～～～～～～～

～～～～～～～～～～～～～～～～～～～～～～～～

～～～～～～～～～～～～～～～～～～～～～～～～

商业模式革新

行动区域
（用"看得见的语言"描述行动方案）

第四十九策：社群化

社群化指为产品或服务的支持、使用和扩展提供公共资源。与消费者"社交"，通过聊天、互动、玩游戏等方式提供一个成功经验分享区、心得体会炫耀区或者其他什么区，让他们成为口碑传播者。

> **案例**

1. 世界知名的摩托车品牌哈雷，已经销售到115个国家，有八十多万会员。从一开始，哈雷公司在理念上就设定：哈雷不仅是促销产品，更是"推销"一种生命存在的方式。它还成立了女性车友社团，鼓励妇女养成骑摩托车的习惯，有专门的教练帮助女性骑手建立信心并分享经验。"车库派对"教授摩托运动的基础知识，同时给予女性分享和比较心得的机会。通过社团培养（潜在）消费者对品牌的认知，并促使他们爱上品牌，从而成为品牌的口碑宣传者，让品牌活在人群里。

2. 星巴克，相信大多数人耳熟能详，星巴克卖的不仅仅是咖啡，而是独特的"星巴克体验"，让全球各地的星巴克体验店成为人们除了工作场所和生活场所之外温馨舒适的"第三生活空间"。星巴克创建了一个名为"我的星巴克点子"（My Starbucks Idea）的社区网站，以便用户提出任何能改善"星巴克体验"的建议。至今，星巴克已经收集了超过十一万个来自拥护者的点子，这些点子会在网站上分享、讨论、投票，那些切实可行且有效的就会被付诸行动。在网站上有一个叫"实施中的点子"（Idea in Action）的页面，告诉大家哪些点子已经落实了。提出"我的星巴克点子"的用户都会获得电邮通知。

关键成功因素

1. 适合容易产生话题的行业，包括那些能产生心理作用、互动强的行业都可以用社群化策略。很多行业在这方面还大有可为，比如餐饮业，那些得到推崇的菜是否可以有条件地传授给顾客？让客户们在一个我们建的群里讨论怎么做得更好？定期组织些相互切磋的活动等。不过，这样一来对菜单的更新频率提出了挑战。

2. 强化每一个个体在这个群体中的价值。不要只为少数人喝彩，要让所有人都能得到掌声。还是以餐饮业为例，可以开辟一片专门的客户自产区域，通过预约，准备好所有食材、工具，客户自己做，做出来的菜可以卖，也可以自己享用。

再强调一下：社群活动或者成为社群成员一定不要收费。免费是王道，收费就是给自己挖坑。我们需要的是人多时产生的化学反应，制造传播力、影响力，而不是通过这个赚钱。

社群化策略需要企业为产品、服务的支持、使用和扩展提供公共资源以强化客户体验。我个人建议在有办法消化实施此策略产生的这些成本之前暂不使用该策略。

第三章 商业模式策略辞典

写下您的思考

论点：您的企业或您所在的企业应该使用该策略吗？

结论： Yes / No

事实区域
（列示企业目前的主要矛盾）

～～～～～～～～～～～～～～～～～～～～～～～～～
～～～～～～～～～～～～～～～～～～～～～～～～～
～～～～～～～～～～～～～～～～～～～～～～～～～
～～～～～～～～～～～～～～～～～～～～～～～～～
～～～～～～～～～～～～～～～～～～～～～～～～～
～～～～～～～～～～～～～～～～～～～～～～～～～

解释区域
（用"五个为什么"进行思考和判断）

～～～～～～～～～～～～～～～～～～～～～～～～～
～～～～～～～～～～～～～～～～～～～～～～～～～
～～～～～～～～～～～～～～～～～～～～～～～～～
～～～～～～～～～～～～～～～～～～～～～～～～～

商业模式革新

行动区域
（用"看得见的语言"描述行动方案）

第五十策：补充服务

补充服务指提供符合产品或服务的特性和定位的其他服务。

我们在激励系统策略中已经介绍过人们在什么情况下会满意（超出预期），补充服务这种策略能很好地达到此目的。补充服务的关键所在是让客户感觉物超所值，让客户觉得很实惠。

> 案例

1. 美国男装品牌 Men's Wearhouse 承诺顾客所购买的任何套装、礼服、运动装或宽松长裤，在其位于美国任何地方的门店都提供终身免费熨烫服务。

2. 日本的 7-11 连锁便利店，在自己的所有门店率先推出了大量各种不同的附加服务。它能够帮助顾客为其信用卡和手机支付账单，提供邮寄服务。

商业模式革新

> 关键成功因素

1. 不同的服务之间能够创造协同效应。服装店的店员在空闲时段去为顾客烫熨衣服何乐而不为呢？在你去便利店取包裹的时候会不会顺手买点什么呢？

2. 免费的必须是低成本的。不要为了补充而付出高昂的代价或无法通过别的途径消化这些代价。

> 写下您的思考

论点：您的企业或您所在的企业应该使用该策略吗？
结论：Yes / No

事实区域
（列示企业目前的主要矛盾）

解释区域
（用"五个为什么"进行思考和判断）

行动区域
（用"看得见的语言"描述行动方案）

商业模式革新

第五十一策：永绝后患

　　永绝后患指消除顾客因为产品失效或购买失误造成的金钱和时间损失的风险。

　　我们回忆下电商刚诞生的时候，消费者们最担心的是什么？网站的实物图片靠谱吗？东西都没看过就把钱给人家？被坑了找谁？为了解决这个难题，阿里巴巴发明了支付宝，消费者只是将钱交到公允的平台手中，不直接到店家手中，可以吃"后悔药"。在确定平台靠谱的情况下，不见物品就买单才越来越成为一种习惯。

案例

　　1. 现代汽车曾经在经济不景气的时候，启动了一项"保险"项目来确保购买或租用新型现代汽车的顾客在购车后1年内，在遭遇失业的情况下可以解除对汽车的购买或租借以及还款责任。

　　2. 顺丰是物流业的领先者，其服务细分有：顺丰即日、顺丰次晨、顺丰标快、物流普运等，顺丰对每项细分服务都有明确的递送承诺及服务保障。例如，顺丰即日提供当日寄件、当日送达的快递服务，在指定服务范围和寄递时间内收寄，承诺当日 20:00 前送达。服务保障如下：

- 时效保障：快件超时送达，客户可申请退运费。
- 安全保障：当寄递的快件发生损坏或遗失时，核实后按照实际损失赔付，损坏最高可赔付 200 元，遗失最高可赔付 500 元。

实践证明，顺丰在物件延误、丢失损毁以及客户申诉方面都是行业内比较低的。其他物流公司虽也有一定的服务保障，但很难超越顺丰在客户心中的定位。

关键成功因素

1. 不是一种补充，而是一种强劲的新增长引擎。比如，卖刀具提供终身磨刀服务就没什么意思，但如果卖刀具提供终身更换服务——像贵重首饰那样就有点意思了。

2. 消费群体"后悔"的标准越易于衡量越好。模糊不清的承诺在实践中的积极影响已经越来越弱。消费者在市场经济不成熟的环境下已经茁壮成长起来，从相信一切到怀疑一切，越发走向否定一切的道路。反面教材："客户不满意就无理由退款"就越来越缺乏吸引力，给我们服务一场，没有功劳有苦劳，不是太差劲怎么好意思要求退款呢？正面教材：有些餐厅，拿个漏斗，沙粒漏完菜还没上齐就送饮料，这就更有吸引力和说服力。

永绝后患策略能够消除顾客因为产品失效或购买失误造成的金钱和时间损失的风险。永绝后患策略必须基于解决某种市场痛点，最好用成雪中送炭的策略，而不是锦上添花。

商业模式革新

写下您的思考

论点： 您的企业或您所在的企业应该使用该策略吗？

结论： Yes / No

事实区域
（列示企业目前的主要矛盾）

～～～～～～～～～～～～～～～～～～～～～～～～～～～～～～
～～～～～～～～～～～～～～～～～～～～～～～～～～～～～～
～～～～～～～～～～～～～～～～～～～～～～～～～～～～～～
～～～～～～～～～～～～～～～～～～～～～～～～～～～～～～
～～～～～～～～～～～～～～～～～～～～～～～～～～～～～～
～～～～～～～～～～～～～～～～～～～～～～～～～～～～～～

解释区域
（用"五个为什么"进行思考和判断）

～～～～～～～～～～～～～～～～～～～～～～～～～～～～～～
～～～～～～～～～～～～～～～～～～～～～～～～～～～～～～
～～～～～～～～～～～～～～～～～～～～～～～～～～～～～～
～～～～～～～～～～～～～～～～～～～～～～～～～～～～～～

第三章 商业模式策略辞典

行动区域
（用"看得见的语言"描述行动方案）

第五十二策：购前试用

购前试用指让客户在购买前测试或体验产品（服务），诱导消费者购买。

案例

1. 化妆品。厂家在终端几乎都提供试用装，成本很低，消费者在购买前都能亲身感受一下。由于这种方法无须消费者付出任何代价，因此是诱使消费者尝试的有力武器。通过试用，使消费者对该产品产生直接的感性认识，并对产品产生好感和信任，使其转化为产品的潜在消费者。

2. 健身会所，都会发送体验几次的券。虽然这个行业的企业基本使用购前试用策略，但效果一般，原因在下文中有分析。

关键成功因素

1. 尤其适用于争夺新客户。无论做什么，作为替代者存在要想生存是不容易的。客户愿意以我们的产品来替代原来的产品，不仅要过价值关，更要过情感关。客户在不确定所得价值的情况下是不可能轻易结束上一段"感情"的。所以，购前试用需要做到的就是给其与"前任"一刀两断的决心。

2. 试用带来的是完整体验而不应该是片段。免费试吃，吃完走人，这是完整的，如果好吃，商家就抓住了客户。健身行业免费体验健身一次是不完整的。健身是个非常科学的系统工程，什么体质适合什么健身方法，先用什么方式练，不是去场馆体验一次器械或者游泳池再配合教练的解说就能留住客户的，这就是个片段。所以，客户就真的是去体验一次，许多企业不明白这个道理，期望通过免费体验获取客户的方式往往很难奏效。

购前试用策略让客户在购买前可以测试或体验产品。它能有效促使客户尝试，不怕你不买，就怕你不试，不试是你的错，不买是我的错。它能在激烈竞争中撕开一个口子。当试用与平台化策略结合后，就会出现像"趣拿"那样的事物，专门有设备放在各种CBD，让消费者可以用微信扫一扫从机器中免费领取机中的产品，有坚果、面膜、饮料等。

写下您的思考

论点： 您的企业或您所在的企业应该使用该策略吗？

结论： Yes / No

事实区域
（列示企业目前的主要矛盾）

解释区域
（用"五个为什么"进行思考和判断）

第三章　商业模式策略辞典

行动区域
（用"看得见的语言"描述行动方案）

第五十三策：忠诚计划

忠诚计划指给经常光顾的高价值客户提供奖励和折扣。

做生意的都明白回头客是生意越做越大的基础，且有研究认为：获得老客户新订单的成本是新客户的 1/5。很多行业都有购物积分的奖励政策，用以抵扣消费者再次购物的货款，或按积分额度提供不同级别的奖励。

案例

1. 零售企业最热衷于使用忠诚计划策略，在一些超级市场和连锁百货商店发放给顾客的各种积分卡或消费折扣卡都属于该策略的一种具体应用。

2. 为了更有效地留住客户，多个公司或行业还推出联盟积分卡，可使用多个公司或行业的产品或服务。在 20 世纪 90 年代，国际航空业出现了星空联盟、天合联盟及寰宇一家等几个全球性航空联盟。星空联盟优惠包括：常旅客计划、星空联盟金卡/银卡等级、贵宾休息室、获得里程数/积分、星空联盟奖励、星空联盟升级奖励、转机、同一屋檐计划（成员航空公司在同一航站楼运营）。星空联盟产品和服务还包括特惠套票和航空通票。

关键成功因素

1. 思考出客户走不了的理由。是"走不了"，而不是"不走"。走不了是客户不得不跟你"玩"；"不走"是客户可以走，人家出于"同情"你没走。比如企业销售的是同质化竞争的工业品，那客户可能只关注价格、账期、功能/质量稳定性，那就别去搞些自己节约成本而对客户没实际大价值的"忠诚计划"，只需要在这些痛点上下功夫即可。

2. 注意适时调整。发掘自己"忠诚计划"的有效性，而不是光有好听、好看的"脸面"。

3. 以战养战。享受一次"忠诚计划"就没了是大忌，应该设计成细水长流型，但又不能不"解渴"。

忠诚计划策略给经常光顾的高价值客户提供奖励和折扣。它是催化剂，是药引子，是饭后甜点，可不是主药、正餐，发挥作用的前提条件是提供的产品或服务本身还不错，切勿本末倒置。

忠诚计划与购前试用策略结合，大量新上市的产品或服务肯定非常希望加入到类似于 Foursquare（详见激发竞赛策略）这样的产品中。

商业模式革新

> **写下您的思考**

论点： 您的企业或您所在的企业应该使用该策略吗？
结论： Yes / No

事实区域
（列示企业目前的主要矛盾）

～～～～～～～～～～～～～～～～～～～～～～～～～
～～～～～～～～～～～～～～～～～～～～～～～～～
～～～～～～～～～～～～～～～～～～～～～～～～～
～～～～～～～～～～～～～～～～～～～～～～～～～
～～～～～～～～～～～～～～～～～～～～～～～～～
～～～～～～～～～～～～～～～～～～～～～～～～～

解释区域
（用"五个为什么"进行思考和判断）

～～～～～～～～～～～～～～～～～～～～～～～～～
～～～～～～～～～～～～～～～～～～～～～～～～～
～～～～～～～～～～～～～～～～～～～～～～～～～
～～～～～～～～～～～～～～～～～～～～～～～～～

第三章 商业模式策略辞典

行动区域
（用"看得见的语言"描述行动方案）

商业模式革新

第五十四策：自助

自助指提供消费者行动自主权，使其成为生产者[①]、分解者[②]。

自助策略逐渐成为各行各业的标配，小到自助售货机，大到银行的系统。有的依托智能设备，有的依托移动互联网。

案例

1. 银行的自助服务系统，体验过的用户可能会很有感触。在没有银行工作人员的协助下，可以自助通过机器办理开户、存款、取款、转账、缴费、存折补登以及修改密码、综合查询等全天候、多功能的金融业务。

2. 现在，很多的医院已经转型，挂号、缴费、取检查报告都有自助设备。

---

① 生物学术语，是能利用简单的无机物合成有机物的自养生物或绿色植物。在此比喻消费者自己参与生产。

② 生物学术语，是生态系统中将动植物遗体和动物的排遗物等所含的有机物质转换为简单的无机物的生物。在此比喻消费者参与消费。

3. 咪哒自助KTV，在一个类似于录音棚的1平方米小屋自助K歌，手机支付，按时间或按歌曲数量付费。

4. 自如。如果需要租房，直接手机登录自如的APP，选择需要的房型，直接下单，网签合同，网上付款，然后就可以自己办理入住。退房也一样方便，在APP上办理，退款会直接打到用户的自如账户。

自助无疑为商家降低了成本，不但降低了人工成本，还减少了沟通成本和时间成本，降低了因人工提供服务带来的各种摩擦和风险。自助是通过系统完成操作，也杜绝了暗箱操作和腐败的可能。

关键成功因素

1. 尤其适用于高人次、高频次的行业，如医院、铁路、公路、银行、餐饮、零售等。

2. 极简原则。别让使用者自助不明白。自助系统包罗万象而导致设计特别复杂将适得其反，招致用户反感。避免的基本办法是别让只懂技术的人进行系统设计，一般而言：擅长与机器打交道的技术人员不擅长与人打交道，让其设计与人交互的机器难免会忽略用户体验。

商业模式革新

> **写下您的思考**

论点： 您的企业或您所在的企业应该使用该策略吗？

结论： Yes / No

事实区域

（列示企业目前的主要矛盾）

_____
_____
_____
_____
_____
_____

解释区域

（用"五个为什么"进行思考和判断）

_____
_____
_____
_____

第三章　商业模式策略辞典

行动区域

（用"看得见的语言"描述行动方案）

商业模式革新

第五十五策：直销

直销指通过简化中间环节、消灭中间商来降低产品的流通成本并满足客户利益最大化的诉求。实质上，直销就是产品生产出来后不经他人之手直接面对客户。

我们有没有想过为什么从商业诞生的那一天起就有中间环节？这是为弥补追求经济规模所付出的代价。企业以一个比较大的规模采购原材料、批量生产一定规模的产品、批量运输一定规模的产品以追求单位成本最低，由此带来的结果是库存激增、大量的资金占用。为了快速回笼采购、生产所需的资金并减少库房建设维护资金，将货物以低于终端的价格大量铺向中间环节对企业是最有利的。

互联网和物流的发展终将有可能消灭所有中间商。

案例

1. 说到直销，不得不提戴尔。戴尔直销的精髓在于在明确客户需求后迅速做出反应，并向客户直接发货，砍掉中间商。零渠道接触客户快捷有效，并凭借强大的供应链管理，取得成本优势，造就了戴尔的核心竞争力。苹果公司为了控制消费者的体验，无论是线上还是实体都有自营的渠道，这么做不仅帮助苹果确保与客户交互的质量，还帮助其主宰着其他想向苹果巨量客户出售产品和服务的公司。

2. PPG 以男士衬衫为主打产品，没有工厂，没有实体销售门店，仅仅凭呼叫中心和互联网，每天都能卖掉一万件左右男士衬衫。PPG 将衬衫的生产交给长三角地区的 3 家服装企业贴牌代加工，物流配送、质检等环节则全部外包，只保留设计、质监和直销的功能。PPG 曾这样算过账：没有门店房租可以省去销售额的 10%，没有批发环节可以省去销售额的 20%，没有中间商可以省去销售额的 20%。

关键成功因素

1. 想办法弥补追求经济规模所付出的代价是支撑直销策略成功的基础。基本上只有两种途径——暴利或极低成本。没有这个基础可能会使企业陷入"泥潭"，资产变得越来越重，资产回报率不断下降，像小米、华为争相模仿苹果在各主要城市繁华地段开旗舰店就是一种饮鸩止渴的做法——在销量足够大时还行，一旦出现一款滞销产品将立即显现出它的巨大缺陷。互联网和物流的发达使极低成本成了更具有可操作性的选择。

2. 混合动机更易成功。直销策略的使用不应当是单纯地让一些利给最终消费者，而是提高自身对市场的感应能力和控制能力，更快地响应市场，从而改进产品或服务。

直销策略与多种策略配合使用威力倍增，如自助策略、交叉销售策略、旗舰店策略等。

写下您的思考

论点： 您的企业或您所在的企业应该使用该策略吗？

结论： Yes / No

事实区域
（列示企业目前的主要矛盾）

_____

_____

_____

_____

_____

解释区域
（用"五个为什么"进行思考和判断）

_____

_____

_____

第三章 商业模式策略辞典

行动区域
（用"看得见的语言"描述行动方案）

商业模式革新

第五十六策：体验中心

体验中心指建立一个场所鼓励客户与产品互动，但可以从其他成本更低的渠道购买。体验中心策略不存在需不需要用的问题，这是所有终端消费行业的必由之路。随着互联网和虚拟现实[①]技术的进一步发展，消费者将足不出户实现"逛街"的快感：除了可以用五感去感受到真实的产品外，还可以邀上朋友一起进入"虚拟设备"，该设备通过测绘或其他手段1:1还原现实的建筑、装饰等，人们可以在设备中相互牵着手大街小巷地逛，同一时间在线的人、同一地点的人都能相互见面、相互交流。现实中的商业街店铺将失去让顾客光临的价值，除非那是一个非同寻常的场所，与消费者在"家"里感受到的不一样。

> 案例

1. 全球最大的户外连锁店Cabela's的零售店混合着商业和博物馆的体验。它的装备陈列室包括自然历史展示、水族馆、枪械博物馆，在

---

① 此处并不是指VR，而是代指VR、AR等一系列技术。

某些地方甚至还有射击场、山和瀑布。体验中心策略帮助 Cabela's 强烈地吸引着户外运动和非户外运动的潜在客户，其很大一部分收入来源于产品目录和网上销售。

2. 近些年，商业购物中心兴起了商业与艺术结合的风潮，根据消费者的兴趣、爱好、年龄、知识和教育背景以及社会角色等因素，将购物中心细分成与之相对应的主题鲜明、个性独特的多元化消费场所，借业态及品牌组合，通过建筑设计、室内装饰、商场服务等细节配合体现统一的主题，让消费者形成鲜明的视觉和感觉冲击。通过对主题的挖掘和营销推广，把产品或服务作为"道具"，服务作为"舞台"，环境作为"布景"，使顾客在集零售、餐饮、娱乐为一体的购物中心商业活动中享受到美好的体验，如日本东京维纳斯城堡、美国拉斯维加斯恺撒宫购物中心等。

关键成功因素

1. 适用于各种企业。而且，所有企业都应该开始着手实施体验中心策略。做生意到最后都是理性和感性的结合，理性的是价格、质量，感性的是体验。有时理性决定我们的决策，有时感性决定我们的决策。

2. 体验中心场所的设计，包括选址、面积、布局、材料、人文内容等，这些已经超出了本书应当讨论的范畴，在此不表。但是，我们不应认为产品销售场所才应该是体验中心，而应该把所有环节都当成体验中心对待，包括采购运输、仓储、生产车间等。

商业模式革新

写下您的思考

论点： 您的企业或您所在的企业应该使用该策略吗？
结论： Yes / No

事实区域
（列示企业目前的主要矛盾）

解释区域
（用"五个为什么"进行思考和判断）

行动区域
（用"看得见的语言"描述行动方案）

第五十七策：交叉销售

交叉销售指在客户有可能购买产品或服务时，提供吸引人的其他产品、服务或者信息。

交叉销售这种策略已不新鲜了，跨领域交叉销售是它的升级版，比如阿里巴巴在提供电商平台供其他企业销售商品的同时，还向平台上众多的中小企业销售管理咨询和 IT 咨询服务。阿里巴巴自己本来就需要管理咨询、IT 咨询这两种服务，并且引进了诸多相关领域的人才，在服务自身的同时将这种能力销售出去，使成本中心成了利润中心。

案例

1. 美国的富国银行（Wells Fargo Bank），在美国金融业实施交叉销售排名第一。富国银行为北美及全球的客户提供银行、保险、投资、按揭和其他消费者金融的综合性金融服务。在美国，商业银行的平均交叉销售产品是 2 个，富国银行已经达到 4.8 个。与其他银行不同，富国银行的分支机构不叫分行，而叫商店，有点类似沃尔玛，还派人迎接客户，为客户介绍新产品，把几种相关联的产品连在一起销售，为客户节省费用，提供方便。现在，国内的银行也逐渐推广交叉销售，去过银行的人可能会留意到，银行大厅会有新产品的展示广告，还有银行工作人员主动给你介绍银行推出的新产品，如银行的网上银行、银行的贷款业务、银行的理财产品等。另外，银行的柜台也会展示新产品广告，促成客户在办理其他业务时，能够购买新产品，提升盈利空间。

2. 诸多电商的交叉销售。有过网购经历的人可能注意到，在你选择要购买某种产品或服务时，会自动向你推荐关联的其他产品或服务。比如你买一件外套时，自动推送你一条搭配的裤子，或者一件毛衣。你买手机时，自动推送你手机套、数据线、电源接头、手机贴膜、充电宝、耳机、手机支架等各种套装。这种交叉销售可以节约客户的思考时间和寻找的成本。

关键成功因素

1. 大数据能力。数据存储、分析、应用能发掘出更多的机会，比如亚马逊会根据会员的购买记录、心愿单不定期向会员推送其可能感兴趣的书籍、电子产品等。

2. 互联网技术为交叉销售策略的实施提供了足够的可能。比如为什么现在敢把快递件放在便利店，不怕丢吗？冒领吗？物流公司发货后生成一个取货码，通过短信发到买家手机，买家凭码在便利店输入取货，便利店有与物流公司联网的系统，可以进行确认。

3. IT整合策略的成功关键事项同样适用于交叉销售策略，在此不表，详见IT整合策略。

没有IT技术就不能使用交叉销售策略吗？能，但难标准化、难复制，无法大面积铺开使用。

商业模式革新

写下您的思考

论点： 您的企业或您所在的企业应该使用该策略吗？

结论： Yes / No

事实区域

（列示企业目前的主要矛盾）

~~~~~~

~~~~~~

~~~~~~

~~~~~~

~~~~~~

~~~~~~

解释区域

（用"五个为什么"进行思考和判断）

~~~~~~

~~~~~~

~~~~~~

~~~~~~

行动区域

（用"看得见的语言"描述行动方案）

第五十八策：认证

认证指打造出一个品牌或标识，以表明或认定第三方产品或服务包含了某些人向往的特性。

认证策略的形式并不局限于我们常理解的"认证"，高等教育其实也是该策略的一种形式，一个人若是哈佛大学毕业的就意味着这个人的能力得到了较高水平的认证。但是，该策略不包括国家或国际的门槛性或强制性认证，如3C、QS、CE等，这些只是保障基本安全或准入的认证。

案例

1. 美国的心脏协会（American Heart Association）通过Heart-Check Mark认证对心脏健康有利的食品——这些食品能够满足特定的营养标准。生产企业需要支付一定的费用获得这种认证许可。

2. 一些著名的公司认证，如Oracle、IBM、Cisco、微软MCSD等，都旨在表明持证者具备某种职业能力或达到某种职业技能水平；同时，更重要的是发证组织能因此获得大量的教材费、培训费、考试费、认证费、年费等。

关键成功因素

1. 只适合领袖组织。不是国际、国家组织，就是行业领袖企业，至少是地区性领袖组织。否则，缺乏必要的影响力。像管理咨询鼻祖公司——麦肯锡就可以开展自己的第三业务，我认为它的第一业务是管理咨询，第二业务是实业投资，第三业务可以做认证。办一个麦肯锡大学，任何人都可通过入学考试申请入学，公司里的顾问在校传授麦肯锡方法，毕业或结业时根据考试成绩给予不同等级的认证——了解（红色证书）、掌握（蓝色证书）、精通（金黄色证书），红黄蓝是麦肯锡公司使用的标准色调。金黄色证书者可以考虑聘入麦肯锡公司做顾问，不仅赚了钱、锻炼了自己现有的人员，还找了更多的人才，一箭三雕。麦肯锡公司是绝大多数咨询人梦寐以求的地方，越是了解它的人就越发现它难以逾越，它不会像其他咨询公司那样教自己的咨询顾问成为知识或经验的搬运工，而是培养一群独立思考的智慧创造者。打个比方，其他公司会告诉员工如何使用这个榔头、铁锹、棍子，而麦肯锡公司会告诉员工如何形成设计、制造榔头、铁锹、棍子的思想；其他公司招人会在意候选人之前做过什么，而麦肯锡公司关注候选人的思维方式，因为它知道所谓做过什么太容易学会了。

2. 时刻关注含金量。不能为了赚钱宽进宽出，不能为社会培养"考奴"。否则，做不长久。为了平抑提高含金量带来的收入减少风险，需要认证组织结合使用本书中的其他策略。

3. 如果不是领袖组织却需要运用认证策略，那就需要造势＋借花献佛来获得接近领袖组织的号召力。比如还是上面那个假设：办一个管理咨询培训学院，只请麦肯锡公司中不再愿意出差的老顾问担任教师，拉上一些著名企业联名办学，确保生源质量、师资质量、就业质量。

写下您的思考

论点：您的企业或您所在的企业应该使用该策略吗？
结论：Yes / No

事实区域
（列示企业目前的主要矛盾）

_____
_____
_____
_____
_____
_____

解释区域

（用"五个为什么"进行思考和判断）

~~~~~~
~~~~~~
~~~~~~
~~~~~~
~~~~~~
~~~~~~
~~~~~~

行动区域

（用"看得见的语言"描述行动方案）

~~~~~~
~~~~~~
~~~~~~
~~~~~~
~~~~~~
~~~~~~
~~~~~~

第五十九策：喧宾夺主

喧宾夺主指推广产品或服务中的一个组件或原材料的品牌，使得产品或服务整体上更具价值。

案例

1. 买过电脑的消费者都知道，装有英特尔处理器的价格更贵，原因在于英特尔处理器的运算能力高出其他品牌一些。与没带英特尔标记的产品相比，任何带英特尔标记的产品都增加了消费者的感知价值。"Intel Inside"品牌宣传更是大幅提升了英特尔公司生产处理器的名声。

2. 盈石资产管理公司，以商业资产增值服务为基石，是专注于中国商业地产的经营管理机构，中国开发商50强中有1/3在持续购买盈石的专业服务。商业地产因冠上"盈石运营"为荣，盈石运营的商业地产都获得很大的成功。

关键成功因素

1. 搞定最终买单的群体。考虑运用喧宾夺主策略的一般是不直接面对最终消费者的企业，要想赢得在直接买单者面前的话语权就必须搞定它的买单者。英特尔就很聪明，成功地让最终消费者离不开它。相比之下，汽车发动机厂家就逊色不少。

2. 找回力量平衡。这个世界里的各个组成单元之间的关系全凭力量对比决定。作为整体中的一员若想得到公正的待遇，只有与整体的企业获得接近的力量，只有在最终消费群体面前有话语权才能做到这一点。比如，果农相对于经销商、深加工的厂家、零售企业话语权就很弱，如果果农的水果与其他同类水果比有特别之处，能够有效说服消费者，使消费者只认"某某果园"……那么，人家就会认同你。我们国家的果农种植方面目前还有极大地提升空间，稍稍动点脑筋很容易反客为主。

人类社会的进步靠双轮驱动：资源和技术，二者相互交替唱主角成为社会发展的主导力量。掌握资源或者技术的"宾"只要解放思想都有机会"夺主"。

商业模式革新

写下您的思考

论点： 您的企业或您所在的企业应该使用该策略吗？

结论： Yes / No

事实区域
（列示企业目前的主要矛盾）

_____

_____

_____

_____

_____

_____

解释区域
（用"五个为什么"进行思考和判断）

_____

_____

_____

_____

行动区域

（用"看得见的语言"描述行动方案）

商业模式革新

第六十策：品牌扩展

品牌扩展指在成熟的品牌下推出新的产品或服务，以迅速推向市场，获得市场的认知、认可。

案例

1. 英国最大的民营企业维珍集团旗下拥有两百多家大大小小的公司，涉及航空、金融、铁路、唱片、婚纱甚至避孕套，全部使用维珍品牌，其在英国的认知度达到了 96%，从金融服务业到航空业，从铁路运输业到饮料业，消费者公认这个品牌代表了质量高、价格廉。如果有谁愿意的话，他（她）可以这样度过一生：喝着维珍可乐长大，到维珍唱片大卖场买维珍电台上放过的唱片，去维珍院线看电影，通过维珍网交上一个女（男）朋友，和她（他）坐维珍航空去度假，享受维珍假日无微不至的服务，然后由维珍新娘安排一场盛大的婚礼，幸福地消费大量维珍避孕套，直到最后拿着维珍养老保险进坟墓。当然，如果不幸福的话，维珍还提供了大量的伏特加以供选择。

2. "哈利波特"系列的作者罗琳，她和她的团队将哈利波特授权给除电影外的 400 种产品，从坐落在奥兰多的"哈利波特的魔法世界"到比比多味豆软糖到人形公仔再到玩具魔法棒，所有衍生品均忠实于角色和他们的世界。其电影、电子游戏、主题公园和 DVD 的收入轻而易举地突破了 100 亿美元。

关键成功因素

1. 适用于客户需求同质化领域。品牌是企业经过一段时间的经营，消费者一系列感知沉淀下来的无形资产。感知是什么？是我们人体的器官接收来自体外的信号再在头脑中进行情感格式化的处理而生成的。也就是说，产品或服务创造的价值不完全是客观评价的结果，含有大量的主观因素在里面。其实，营销的本质就是一套影响人们感知的科学体系，教人如何科学地去影响客户。

2. 要有源点。就像一滴墨想要染黑一缸水，那这滴墨需要有足够的浓度，足够黑。品牌扩展策略的出发点就是已经打造出一个强有力的品牌。

3. 关联度要高。待扩展产品或服务与已有品牌产品或服务关联度高。这里所提的关联不是人们常理解到的那个直接相关的层面，而是"大关联"的概念。比如，我们要做的不是橱柜和抽油烟机一个厨房用品品牌，而是一个幸福家庭生活的大品牌，去向消费者传递一个信号：

美好生活。品牌下的所有子类全是为创造这个而存在，不是什么油烟吸力大、橱柜美观防火，这是卖点，不是品牌的价值。当然，一个橱柜就是"美好生活"也是牵强，重在建立关联。

有专业人士会提出：企业旗下各产业使用不同品牌有利于分散风险。我个人认为这种观点已过时，在信息交互发达的今天，太容易找出品牌的归属了，一旦子品牌发生危机，矛头自然能指向母公司品牌，消弭危机的恶劣影响靠的是危机公关水平，而不是撇清关系。

母、子不同品牌与母扩展自己的品牌到子就像武侠小说中练武之人间的较量，前者是7个人练了10年，后者是1个人练了70年，同样都是70年功力，但即使7人练一套天罡北斗阵给自己武力加成也制不住一个东邪黄药师。

我个人不赞同将品牌扩展策略用于一个品牌中区分高、中、低档的产品，不如分成3个品牌，免得消费者识别混乱。

第三章　商业模式策略辞典

写下您的思考

论点： 您的企业或您所在的企业应该使用该策略吗？

结论： Yes / No

事实区域

（列示企业目前的主要矛盾）

～～～～～～～～～～～～～～～～～～～～～～～～～～～～～

～～～～～～～～～～～～～～～～～～～～～～～～～～～～～

～～～～～～～～～～～～～～～～～～～～～～～～～～～～～

～～～～～～～～～～～～～～～～～～～～～～～～～～～～～

～～～～～～～～～～～～～～～～～～～～～～～～～～～～～

～～～～～～～～～～～～～～～～～～～～～～～～～～～～～

～～～～～～～～～～～～～～～～～～～～～～～～～～～～～

解释区域

（用"五个为什么"进行思考和判断）

～～～～～～～～～～～～～～～～～～～～～～～～～～～～～

～～～～～～～～～～～～～～～～～～～～～～～～～～～～～

～～～～～～～～～～～～～～～～～～～～～～～～～～～～～

～～～～～～～～～～～～～～～～～～～～～～～～～～～～～

商业模式革新

行动区域
（用"看得见的语言"描述行动方案）

第六十一策：品牌杠杆

品牌杠杆指允许他人使用你的品牌，借助品牌信誉，加强自己品牌的市场渗透。

案例

全球知名娱乐公司迪士尼是使用品牌杠杆策略的典型。除了主题公园，迪士尼还涉及电视、电影等。在全球，几千家授权商正在销售着超过10万种与迪士尼卡通形象有关的产品，其消费品部的收入有60%都来自授权费。

关键成功因素

1. 不在于有，而在于毁不掉。品牌杠杆策略的核心不在于自身品牌有多大的影响力，而是必须得设法让合作者没那么容易毁掉这个他借来用的品牌。要么对品牌使用者有仔细、严密的各种要求和检查，要么就得实现品牌受损的后置处理方法。比如做咨询的，品牌使用者自己去寻找商业机会，以品牌持有者的名义洽谈、签订合同并自行交付成果，品牌的毁坏取决于向客户交付的成果。一旦出现一个坏结果，首当其冲的是品牌使用者无法获得该项目收益，因此他比品牌持有者更关心交付的质量，进而在客观和主观上都实现了品牌损失的后置处理措施。

2. 防止品牌使用者之间互相抢地盘。品牌持有者必须做好"武林盟主"，按照使用者覆盖市场的能力和产品或服务类别划分"势力范围"，做到大伙一起哄抬而不是哄抢。

3. 适度使用。这是防止品牌使用者的生意量价齐降的有效措施，需要配合恰当的品牌使用费收取方式：按比例抽取而不是完全按固定金额，如果是后者就会导致品牌使用过度，积累负面影响。

写下您的思考

论点： 您的企业或您所在的企业应该使用该策略吗？

结论： Yes / No

事实区域
（列示企业目前的主要矛盾）

～～～～～～～～～～～～～～～～～～～～～～～～～～～

～～～～～～～～～～～～～～～～～～～～～～～～～～～

～～～～～～～～～～～～～～～～～～～～～～～～～～～

～～～～～～～～～～～～～～～～～～～～～～～～～～～

～～～～～～～～～～～～～～～～～～～～～～～～～～～

～～～～～～～～～～～～～～～～～～～～～～～～～～～

解释区域
（用"五个为什么"进行思考和判断）

～～～～～～～～～～～～～～～～～～～～～～～～～～～

～～～～～～～～～～～～～～～～～～～～～～～～～～～

～～～～～～～～～～～～～～～～～～～～～～～～～～～

～～～～～～～～～～～～～～～～～～～～～～～～～～～

行动区域
（用"看得见的语言"描述行动方案）

第六十二策：自有品牌

自有品牌指让他人贴牌生产你的产品，自己只是买手和卖手。通过搜集、整理、分析消费者对某类商品需求特征的信息，提出新产品功能、价格、造型等方面的开发设计要求，选择合适的生产企业进行贴牌生产，最终使用自己的商标对新产品注册并在本企业内销售。这样做省去许多中间环节，能大大降低固定成本，品牌持有者只需要与消费者保持高度接触、了解消费者的需求、从事设计和交付到客户手中就可以了。

案例

1. 美国标志性零售企业 Trader Joe's，80% 以上的产品或服务都是自有品牌，包括包装食品、卫生纸、维生素、宠物食品等各个品类。并且，各个地域的自有品牌产品或服务又有各自独立的注册商标。例如，Trader Joe's 品牌主要是墨西哥食品的品牌，Trader Ming's 是亚洲食品的品种，Trader Giotto's 是意大利食品的品牌。Trader Joe's 承诺：公司的所有自有品牌食品，不含防腐剂、人造调味剂和转基因成分。产品或服务大多是直接采购，批量订货，以使进货价格达到最低。公司每周至少推出 10 种新品，淘汰 10 种销售不好的产品或服务。消费者认为，Trader Joe's 是可支付的价格、创新的自有品牌和自然有机食品的最佳组合。其每平方尺的年销售额为 1723 美元，而美国行业平均水平仅为 521 美元，即使是 Whole Foods 也只有 973 美元。

2. 女性朋友比较熟悉的屈臣氏，是全球最大的保健及美容产品零售集团。屈臣氏有很多自有品牌，冬虫夏草系列（Cordyceps）、燕窝系列（Bird's nest）、Water 360 系列、橄榄系列（Olive）和骨胶原系列（Collagen）和屈臣氏自产面膜系列等都是其自有品牌。屈臣氏时刻都在直接与消费者打交道，能及时、准确地了解消费者对商品的各种需求信息，又能及时分析掌握各类商品的适销状况，依靠这种资源设计出自有品牌产品能获得更高的利润。

在实施自有品牌策略的过程中，由渠道控制者提出新产品的开发设计要求，运用开发周期短、产销不易脱节等特征降低市场风险和生产成本。家乐福、沃尔玛、大润发等大型超市也都在实施该策略。

关键成功因素

1. 适合市场环境瞬息万变的行业。让人贴牌的好处在于好掉头，只管后端，前端全是别人的，我们随时可以换，这是一种互联网思维。其实，零售行业天生就是一种互联网行业，只是早期科学技术条件不成熟，使它的天性未尽发挥。

2. 选择有特色的供应商。有特色不是指便宜，而是我们去采购的时候会突然眼前一亮，冒出"有意思"的念想，而这种念想刚好也是我们的目标客户群体感兴趣的。

3. 限制同类品的供应商数量，最好不超过2家，以保障供应商足够的利益。

如果我们自己是一家有特色的供应商，那么可以反向使用自有品牌策略，去贴牌生产他人的产品。比如我们在第二章中的举例，一款可食用的专利清洁剂，新品上市打开市场需要大量资金，风险很高，在自有资金有限且外部投资者又对传统行业没兴趣的情况下，我们就可以和大型商场、超市企业谈合作，成立一家合资公司，贴他们的牌子、出自己的技术，利润对半分，这样一来，市场自然打开了，还省去了高昂的进场条码费、店庆费、新店开张费、节庆费、促销人员管理费、DM费、堆头费、年度扣点费、补损费等，也不会有拖延账期的担心了。

商业模式革新

> 写下您的思考

论点： 您的企业或您所在的企业应该使用该策略吗？
结论： Yes / No

事实区域
（列示企业目前的主要矛盾）

解释区域
（用"五个为什么"进行思考和判断）

行动区域
（用"看得见的语言"描述行动方案）

商业模式革新

第六十三策：透明化

透明化指让顾客看到企业的运营方式，并且参与到品牌建设和产品设计中。

> **案例**

1. 巴塔哥尼亚，一家专门从事服装销售的公司，在美国有户外用品 Gucci 之称。为了最大可能地保持对环境的敏感度并促使其他公司遵循巴塔哥尼亚的做法，减少对环境带来的冲击，它对外分享自己的供应链信息，让消费者了解它的工厂及供应商的情况，包括员工数量、男女比例等。持续不断地强化自身"不会造成任何伤害的好产品"形象。

2. 我们在分权管理策略中提到的美国全食公司，对吃的东西都有自己的一套严格的、向消费者公示的标准，比如天然食品，他们就有一长串公开的食品添加剂"黑名单"。在清洁洗护用品上，全食也是一样，有50种成分是被全食禁止的。其中的家用清洁剂，全食还有自己的 ECO-SCALE 评分体系，从坏到好分为红、橙、黄、绿4个等级。红色等级不能上架，而其他3个等级都有明确的禁止物质清单。

在生鲜蔬果和鲜花产品方面，全食有一套"责任种植"（Responsibly Grown）评级体系，把农场分为"好、更好、最好"三大等级。至于未达到这三大等级的产品也会有一个显眼的标签"未评级"（Unrated），以便消费者参考。

在动物产品方面，全食也有着比普通超市更为严格的标准，包括禁止预防性地使用抗生素、激素等。在每款肉类产品标识上，都有一个评级数字。评级认证从1到5，还有5+，数字越大，代表一个农场在动物福利方面做得越好。全食中的产品，有相当一部分是"本地"的（有Local标志），农场联系方式也都是公开的，消费者可以亲自前去考察，看看其是否言行一致。

关键成功因素

1. 找准"透点"。消费者担心什么，就透明什么。可惜，现在的好多商家还因互联网飞速发展导致不容易玩暗箱而痛苦。

2. 实时透明。这种做法更加适合公信力弱的市场环境。公信力弱，意味着要取得人们的信任非常难，仅看包装或实物，不足以获得人们的信赖。

3. 妥善处理商业秘密。其实，一家企业除了专利，并不应该有商业秘密可言，所谓的秘密都是"奸商"的"杰作"。比如，我们吹嘘我们的产品多么多么卓越，多么多么与众不同，并高价卖给消费者，而实际是我们的产品并不比竞争对手好。这种情况下，我们当然不敢也不愿透明。

4. 用技术手段降低透明的成本。比如，若是为了证明自己的鸡绝对不是转基因、绝对不是6个翅膀8只脚就隔三岔五组织公众参观养殖基地就非常劳民伤财，又要组织报名，又要约好一起参观的时间，还得安排交通、饮食，设计参观环节。如果消费者在家中或者至少在销售门店能上网连接到养鸡场的监控摄像头，那就不一样了。

写下您的思考

论点： 您的企业或您所在的企业应该使用该策略吗？
结论： Yes / No

事实区域
（列示企业目前的主要矛盾）

~~~~~~~~~~~~~~~~~~~~~~~~~~~~~~~~~~~~~~

~~~~~~~~~~~~~~~~~~~~~~~~~~~~~~~~~~~~~~

~~~~~~~~~~~~~~~~~~~~~~~~~~~~~~~~~~~~~~

~~~~~~~~~~~~~~~~~~~~~~~~~~~~~~~~~~~~~~

~~~~~~~~~~~~~~~~~~~~~~~~~~~~~~~~~~~~~~

~~~~~~~~~~~~~~~~~~~~~~~~~~~~~~~~~~~~~~

第三章 商业模式策略辞典

解释区域
（用"五个为什么"进行思考和判断）

行动区域
（用"看得见的语言"描述行动方案）

第六十四策：价值统一

价值统一指让企业的品牌代表某个伟大理念或价值体系，并在各方面一致地表现出来，想到某个词或画面会想到它，想到它会想到某个词或画面。比如，谈到谋略，我们就会想到诸葛亮、张良；谈到英勇，我们就会提到吕布、项羽；谈到阿里巴巴，我们就会想到互联网+……

价值统一，有的是有意为之，有的是无心插柳，无论怎样，过程都起了一个引导的作用，引导消费者给你贴标签。不要以为消费者会根据企业的宣传来认知企业，他们会根据自己的感受给企业贴标签。

案例

1. 我们在外包策略中提到的 Method 公司，一家清洁用品制造商，以实现环境永续为其核心价值，自己的原材料、生产产品的过程、生产的产品都尽量或完全不伤害环境。而且，产品专门用于消除伤害环境的物质。产品包装色彩明亮、颜色丰富，不仅在商店的货架上辨识度很高，且闻名于家庭装饰和设计。同时，Method 举办活动邀请客户参与它们发起的"人对抗污渍"社区。Method 整个运作无处不在地强调"环境永续"的价值观。

2. 奔驰汽车始终秉承"The best or nothing（唯有最好）"的品牌精神。其车标就像是汽车在奔驰，既像方向盘又像车轮；汽车的外观、驾驶体验、内饰一流；与顶级设计师阿玛尼合作；举办世界顶级的国际音乐节。所有这些汽车本身的属性、合作方及举办的活动都诠释了"The Best"的理念。

关键成功因素

1. 志存高远。可以不说，但不能不想，我个人非常赞同马云说的"人要有理想"，其实能不能"万一实现了呢"不重要，那是结果，关键是过程所起的作用。

2. 不以自己的意愿为转移。企业需要思考：什么样的口号能喊进"买单"者的心里？不要用只是自己觉得有道理、很漂亮的辞藻。企业内部整个价值体系应根据引导客户贴的标签而定，包括什么经营理念、用人理念、质量理念等。

3. 脚踏实地。很多企业，尤其是大型企业，建立的大多是形而上的价值体系，光"高远"了，忘"实地"了，喊在口里，挂在墙上，没几个人真把它当回事，该怎么干还怎么干。现在好多企业执着于让自己的价值体系内涵多，面面俱到，显得有文化，结果全重要反而全不重要了。核心价值一大堆，重知不重行，看上去都无比正确，念起来都朗朗上口，做起来却都不知所谓。

4. 细节。涉及品牌建设的所有方面，这方面的研究非常多，我不在此赘述，只想再次强调一点，打造品牌就是引导消费者给你贴标签的过程。

商业模式革新

> 写下您的思考

论点： 您的企业或您所在的企业应该使用该策略吗？
结论： Yes / No

事实区域
（列示企业目前的主要矛盾）

解释区域
（用"五个为什么"进行思考和判断）

第三章　商业模式策略辞典

行动区域
（用"看得见的语言"描述行动方案）

商业模式革新

第六十五策：强制互动

　　强制互动指引诱顾客与顾客、顾客与潜在顾客、顾客与企业进行信息传播与反馈。

案例

　　1. 暴雪娱乐公司，从它的魔兽争霸到魔兽世界，游戏精心设计的玩家只有通过相互配合才能击败狡猾危险的敌人。从流量爆棚的在线论坛到游戏内置语音聊天功能，玩家只能通过团队协作的方式获得最广受欢迎的奖品。为此，玩家们需要为自己的公会招聘不同技巧、造诣、风格的玩家，设计自己的标识和游戏策略等。一个玩家若不与其他玩家互动就只有被虐的份。通过这种互动，相互影响，蔚然成风，形成自己的游戏生态圈。

　　2. 发微信朋友圈或在朋友圈集赞享受优惠，网购给好评返还现金，集"套装"换奖品，都能实现口碑相传，潜在消费者基于朋友或他人的体验，对产品或服务产生信赖感。

关键成功因素

1. 足够的吸引力。即使是一时的赔本赚吆喝也是对自己的东西有足够信心的行为，而不是盲目地促销。

2. 要么好玩，要么简约。不要为了大而全而让互动的内容太多、过程太烦，使消费者"悄悄"做出虚假回应。比如，山西某温泉酒店在微信里搞了个填问卷享现金优惠的互动，初衷是期望搜集信息用于下一步的营销决策，可是问卷太长，填的信息太多，消费者特别怕麻烦，结果可想而知，顾客基本上就是一顿乱选，草草了事，误导企业决策。

3. 关联点越多越好。让顾客自发与（潜在）顾客互动是最佳状态，让顾客之间产生化学反应。比如，网络游戏可不可以这样设计，线上有任务，线下也可以有任务，也可以设计成用线下任务代替线上任务或者更多奖励等。同支付平台账号捆绑，与诸多企业合作，如地图软件公司、便利店、百货公司、快餐店、咖啡店、超市等日常生活所需品的企业，在我们工作日的上班路线和我们休息日的游玩路线，沿途设置任务（不要增加玩家的麻烦），任务内容可能是在最近的便利店至少消费1元，打开地图软件，系统会自动判断方便玩家完成任务的地点，还可以比赛哪个玩家先到。

商业模式革新

写下您的思考

论点： 您的企业或您所在的企业应该使用该策略吗？
结论： Yes / No

事实区域
（列示企业目前的主要矛盾）

解释区域
（用"五个为什么"进行思考和判断）

第三章 商业模式策略辞典

行动区域
（用"看得见的语言"描述行动方案）

第六十六策：家人化

家人化指促进与消费者的情感联系，将其同化成企业的"家庭成员"。

案例

泰国东方饭店，堪称亚洲饭店之最，不提前一个月预定很难有机会入住，它也充分运用了家人化策略。举个王先生的例子，王先生去泰国出差，入住东方酒店。一天早上，王先生去餐厅时，楼层服务生恭敬地问："王先生，您要去用早餐吗？"王先生觉得很奇怪，问："你怎么知道我姓王？"服务生说："饭店有规定，需要熟悉每个客人的名字。"当王先生来到餐厅时，服务小姐微笑着说："王先生，您还要老位置吗？"王先生很惊讶，尽管自己不是第一次来这个饭店，但距上次来也有半年了。当选择在老位子坐下后，服务小姐兴奋地说："您还是点一个三明治、一个鸡蛋、一杯咖啡？"王先生顿觉有一种家的温暖。后来由于业务调整，王先生两年没有去泰国，但在其生日时，突然收到一封来自东方饭店的生日贺卡……正是家人化的魅力，培养了东方饭店无数的忠实客户。

关键成功因素

1. 真心。要想员工对顾客像家人，企业就得先对员工像家人。很多企业基本上是说一套做一套，判断是不是真心待员工，就看二者利益出现矛盾时的取舍便一目了然。

2. 有效联系。不要为了联系而联系。为了所谓的客户黏度而联系的效果不明显，有效联系应该是客户需求的一种延伸，核心需求满足后的补充。

3. 勿替他人作嫁衣。在发生联系的过程中，展示出只有企业的产品与服务能有效配合你设计的"玩法"。比如，展示厨房打扫技巧的时候使用企业自己的清洁用品，并不那么明显地指出其优势，太明显有可能让这些"家庭成员"们觉得你又来推销产品了。如果能联合一些合作企业，植入他们的产品收广告费那就更好了。

商业模式革新

> **写下您的思考**

论点： 您的企业或您所在的企业应该使用该策略吗？
结论： Yes / No

事实区域
（列示企业目前的主要矛盾）

～～～～～～～～～～～～～～～～～～～～～～～～
～～～～～～～～～～～～～～～～～～～～～～～～
～～～～～～～～～～～～～～～～～～～～～～～～
～～～～～～～～～～～～～～～～～～～～～～～～
～～～～～～～～～～～～～～～～～～～～～～～～
～～～～～～～～～～～～～～～～～～～～～～～～

解释区域
（用"五个为什么"进行思考和判断）

～～～～～～～～～～～～～～～～～～～～～～～～
～～～～～～～～～～～～～～～～～～～～～～～～
～～～～～～～～～～～～～～～～～～～～～～～～

第三章　商业模式策略辞典

行动区域
（用"看得见的语言"描述行动方案）

第六十七策：体验拓展

体验拓展指提供给客户其以往不可能的体验。

体验拓展策略重在研究客户触点，占领客户心智。该策略实施起来相当困难，需要极具创新的人才和团队，但往往能给我们带来丰厚的利润。

> 案例

1. 宋城是国内人气最旺的主题公园，相信去过的人都有深刻的体验。柳永风月阁热闹非凡，活着的清明上河图、聊斋惊魂鬼屋高科技体验项目让人惊喜不断，还有各种特色传统手工艺品荟萃其中，无不给人特别的体验。各种主题活动，如印第安火鸡节、辣椒节、肚兜节等让人乐醉其中。尤其是《宋城千古情》，是宋城景区的灵魂，金戈铁马，用先进的声、光、电科技手段和舞台机械，以出其不意的呈现方式演绎当地古往今来的传说和历史故事，带给观众视觉和心灵的震撼。正如它所追求的——"置身宋城,恍如隔世。给我一天,还你千年"。

2. 阿里巴巴的支付宝帮助人们实现了上街不用带钱包、一部手机走遍天下的心愿,这种体验使消费者离不开它。支付宝解放了钱包、解放了银行卡,甚至防住了小偷,为用户提供了超前的便利性。如果我们细心观察,实际上阿里巴巴质的飞跃就始于支付宝的诞生。

关键成功因素

1. 起点是天才的构思或技术的突破。我们需要构思整个应用场景,由自己的产品或服务来驱动这幅场景转化为现实,企业搭舞台、写剧本,消费者演主角。

2. 获得增强效应。无论是体验处的周边,还是消费者、生产者,对我们设计的体验都要有正加强的作用,不是体验完就完事了,必须回味无穷或是补充改进。

体验拓展策略以特定的方法入手,给客户带来全新的体验。不鸣则已,一鸣惊人,当竞争对手开始依葫芦画瓢模仿你的产品或服务时,就是你该重新设计的时候。

写下您的思考

论点： 您的企业或您所在的企业应该使用该策略吗？

结论： Yes / No

事实区域

（列示企业目前的主要矛盾）

~~~~~~

~~~~~~

~~~~~~

~~~~~~

~~~~~~

~~~~~~

解释区域

（用"五个为什么"进行思考和判断）

~~~~~~

~~~~~~

~~~~~~

~~~~~~

行动区域
（用"看得见的语言"描述行动方案）

第六十八策：授之以渔

授之以渔指帮助客户掌握技能或知识。

案例

1. 宜家家居，全世界最大的家具零售企业，销售自行组装家具，随货配有详细的安装说明书、安装工具，鼓励消费者自行安装，掌握技能的同时能获得莫大的体验乐趣。

2. 管理咨询公司在解决客户问题的同时，进行知识技能转移，留给客户解决问题的工具或方法。虽然解决问题是咨询的主要目的，但知识技能转移更有价值。就像得到可口可乐没什么了不起，但若得到了它的配方就不得了了。

关键成功因素

1. 技能具有易学难精的特点。要是顾客费了九牛二虎之力都难以掌握就没意思了，增加了对方的挫败感只会导致对方迁怒于我们的产品或服务。但是，又不能走上另一个极端，使客户很轻松地就把技能玩得很转，这样会使对方失去新鲜感，留下"不过如此"的印象。

2. 知识转移的过程要具体指导。这是防止顾客挫败感发生的有效保障，只是难点在于我们可能会以为自己指导得已经很具体了，但对客户来说也许还不够，克服的好办法是进行"忆往昔"——好好回忆下我们自己最初接触该技能时的感受和困惑。大多数情况下，客户的感受也一样。在掌握技能的过程中我们是怎样做到的，就怎样让客户照此走下去。这样一来，知识或技能就转移了。

3. 常更常新。这是防止顾客失去新鲜感的有效保障，方法升级和变更、工具的改变、传授媒介的变化等一切能带来新鲜感的东西都可以在我们的考虑范围内。

商业模式革新

写下您的思考

论点： 您的企业或您所在的企业应该使用该策略吗？

结论： Yes / No

事实区域
（列示企业目前的主要矛盾）

解释区域
（用"五个为什么"进行思考和判断）

第三章　商业模式策略辞典

行动区域
（用"看得见的语言"描述行动方案）

商业模式革新

第六十九策：人性化

人性化指提供细致入微的人性化体验。不仅满足人的基本需求，也要满足人的心理需求。

> **案例**

1. 美国女孩，美国一玩具品牌，售价是芭比娃娃的10倍。玩具的主人可以把她们的玩偶娃娃带进店里，请发型师为娃娃做个发型，或者美甲，也可以进店喝一杯茶，娃娃坐在带钩子的座位上，女主人在旁边用餐。甚至店里还有娃娃医院，帮助那些遭遇不幸的珍贵娃娃，如娃娃脸上的污渍。简直就是你买了一个娃娃，也有了一个家。美国女孩能帮你想到最细致的部分，让女孩真正体验长大了的感觉，让女孩找到乐趣、希望和感动。

2. V-STAR整体造型是一家普通的理发店，定位中高端人群，我的妻子就是其忠诚的客户。我曾好奇，这是怎样的一家理发店，能够让人必须提前1周才能预约上？经过了解，我不得不佩服它对人性化策略的娴熟运用。第一，V-STAR 只接受预定的客户，避免了客户等待，要知道，时间就是金钱，尤其是工作繁忙的人，等待时间越长，客户体验就越差。第二，每天每位理发师接待的人员数量有严格的限制，确保理发师在某一时刻只属于你一个人，你可以很顺畅、悠闲地和对方沟通你希望的发型风格。最吸引人的，当属免费换发型，如果当次服务或发型不满意的话，1个月内你可以免费换发型，直到满意为止。我的妻子就曾为一个发型改了3次，之后就变成了忠实客户。

关键成功因素

1. 充分挖掘消费者属性。自然属性：年龄、性别、身高、体重、相貌等。社会属性：学习（同学、老师、学生）、工作（供应商、同事、客户）、生活（衣、食、住、行）等。寻找出能与消费者属性互动的产品或服务。

2. 虚拟现实。实→虚→实，源于现实、高于现实、回到现实。其实，所谓的线上与线下高度融合与人性化策略异曲同工。经过这一轮"洗礼"，消费群体对本来的认知和感受将升华。

商业模式革新

写下您的思考

论点： 您的企业或您所在的企业应该使用该策略吗？

结论： Yes / No

事实区域
（列示企业目前的主要矛盾）

_____
_____
_____
_____
_____
_____

解释区域
（用"五个为什么"进行思考和判断）

_____
_____
_____
_____

第三章　商业模式策略辞典

行动区域
（用"看得见的语言"描述行动方案）

商业模式革新

第七十策：激发竞赛

激发竞赛指提供机会让客户与其交互者发展出可以相互比较的身份特征的过程或体验。

> **案例**

1. Foursquare 是一家基于用户地理位置信息的手机服务网站，运用用户"签到"运营其地理位置信息服务。但是，如果只是"签到"还是比较无聊的。因此，Foursquare 给用户增添了签到竞赛、积分排名，用户每签到一次可得到一定的点数。如果 Foursquare 上没有你要签到的地点，你也可以自己创建，平台审核后这一地点便会开放。当用户完成一系列的操作后，就可以得到特别勋章和头衔。如果一个用户在同个地点签到达到一定的次数，他就会获得 Foursquare 里这个商家的"地主"头衔。对很多用户来说，这是一项荣誉。Foursquare 运用"游戏竞赛机制"，激活用户人性中的竞争欲望，用户为了在排行榜上追求好排名或者保持排名，"获胜"的心理驱动他们积极签到。这些种子用户不仅可以带动他们身边的朋友积极参与游戏竞争，更能发挥"二八法则"的作用，活跃整个 Foursquare 平台。这也吸引众多场所运用此平台竞相争取用户的光顾，其中不乏一些大品牌或组织，如路易威登（LV）、美国国家橄榄球联盟（NFL）等。

2. 我们在众包策略中提到的 Threadless，平台上的艺术家从每笔设计中只能得到 2000 美元的收益，并不多，但他们却乐此不疲。一方面，他们希望看到自己的艺术被推向全世界；另一方面，还因为他们的作品被 Threadless 中眼光挑剔的评论家选中而得到的身份和认可。

关键成功因素

1. 利用人类的天性，激起消费群体的攀比欲望。人类社会自诞生之日起便伴随着"打怪升级"。虽然我们绝大多数人爬不到金字塔的顶端，但我们可以努力地爬上一层是一层。我们的产品或服务需要能满足人类这种欲望的发泄，总归要替消费者找到一条成为"人生赢家"的途径。

2. 依靠运气和努力，而非"砸钱"。想办法让消费个体的胜出不是因为他花了最多的钱，而是五六分的运气、四五分的努力。否则，演化成 PK 钱会激发起大多数人的反感。

写下您的思考

论点： 您的企业或您所在的企业应该使用该策略吗？

结论： Yes / No

事实区域
（列示企业目前的主要矛盾）

解释区域
（用"五个为什么"进行思考和判断）

行动区域

（用"看得见的语言"描述行动方案）

第七十一策：体验简化

体验简化指降低复杂度，聚焦于把特定客户的体验发展到极致。

案例

1. 阿里巴巴旗下的钉钉办公是专为中小企业打造的通讯、协同的移动办公平台。操作简单易用，通过手机移动端，可轻松实现考勤打卡、审批、组织架构及同事联系方式、电话会议等功能，即使不用培训，用户也能轻松地掌握其功能。钉钉自成立起，就拥有庞大的企业客户群。

2. 苹果手机操作系统 iOS，也是精于体验简化策略。比如，只提供有限的导航，过多的导航会让用户迷惑。设备交互的简化可以让用户更加专注于应用的内容和功能。

关键成功因素

1. 简约而不简单。消费者能看出企业的产品或服务是出于"巧思"，而非"陋见"。

2. 每天都得进步一点。是"每天",不是"每年",那样太慢了!

写下您的思考

论点: 您的企业或您所在的企业应该使用该策略吗?
结论: Yes / No

事实区域

(列示企业目前的主要矛盾)

解释区域
(用"五个为什么"进行思考和判断)

行动区域
(用"看得见的语言"描述行动方案)

第七十二策：空手道

空手道指不用自己的钱、不用自己的人、不用自己的物做生意。

空手道是生意人的最爱，也是所有策略的终极大招，其内在是多种策略的融合，或者说是多种策略支撑后的结果。

案例

略。

关键成功因素

1. 找出他人钱的困扰。
2. 找出他人人的困扰。
3. 找出他人物的困扰。

商业模式革新

写下您的思考

论点： 您的企业或您所在的企业应该使用该策略吗？

结论： Yes / No

事实区域
（列示企业目前的主要矛盾）

_____
_____
_____
_____
_____

解释区域
（用"五个为什么"进行思考和判断）

_____
_____
_____
_____

行动区域

（用"看得见的语言"描述行动方案）

第四章

电商平台,鹿死谁手

本章导读

京东、亚马逊、阿里巴巴的异同

京东

亚马逊

阿里巴巴

京东、亚马逊、阿里巴巴的异同

商业模式不是"互联网+",不是"长尾模式",不是"免费",不是"平台化"……这些都只是实现商业模式的策略。

商业模式是 BPS 策略组合,是企业在运营、产品或服务、客户体验等方面一系列选择和实践的组合。

京东、亚马逊、阿里巴巴,都是电商,谁的商业模式更具市场竞争力?

市场痛点

京东、亚马逊、阿里巴巴,三者作为电商平台,面临共同的市场痛点。

目标市场:生产者(卖家)、消费者(买家)。

市场痛点:卖家当下如何卖得又快又多,后续如何扩张、发展。

买家希望选择多、到货快、正品保证、价格合适(含运费)。

商业模式革新

盈力能力对比

阿里巴巴丘子商力最强，因此，其盈利能力最强，亚马逊次之，京东第三，详见表4-1。

表4-1 电商平台商业模式PK结果[①]

公司	丘子商力	营收（亿美元）		净利润（亿美元）	
		2015年	2016年	2015年	2016年
京东	Api	280	375	−14.5	1.4
亚马逊	AA-pi	1070	1360	6	24
阿里巴巴	AAApi	123	157	39	111

商业模式对比

京东、亚马逊、阿里巴巴商业模式创新策略运用对比，如图4-1所示。

---

① 财务数据来源于各公司2015和2016年度财报，对三家公司使用策略的搜集截止于2017年2月。

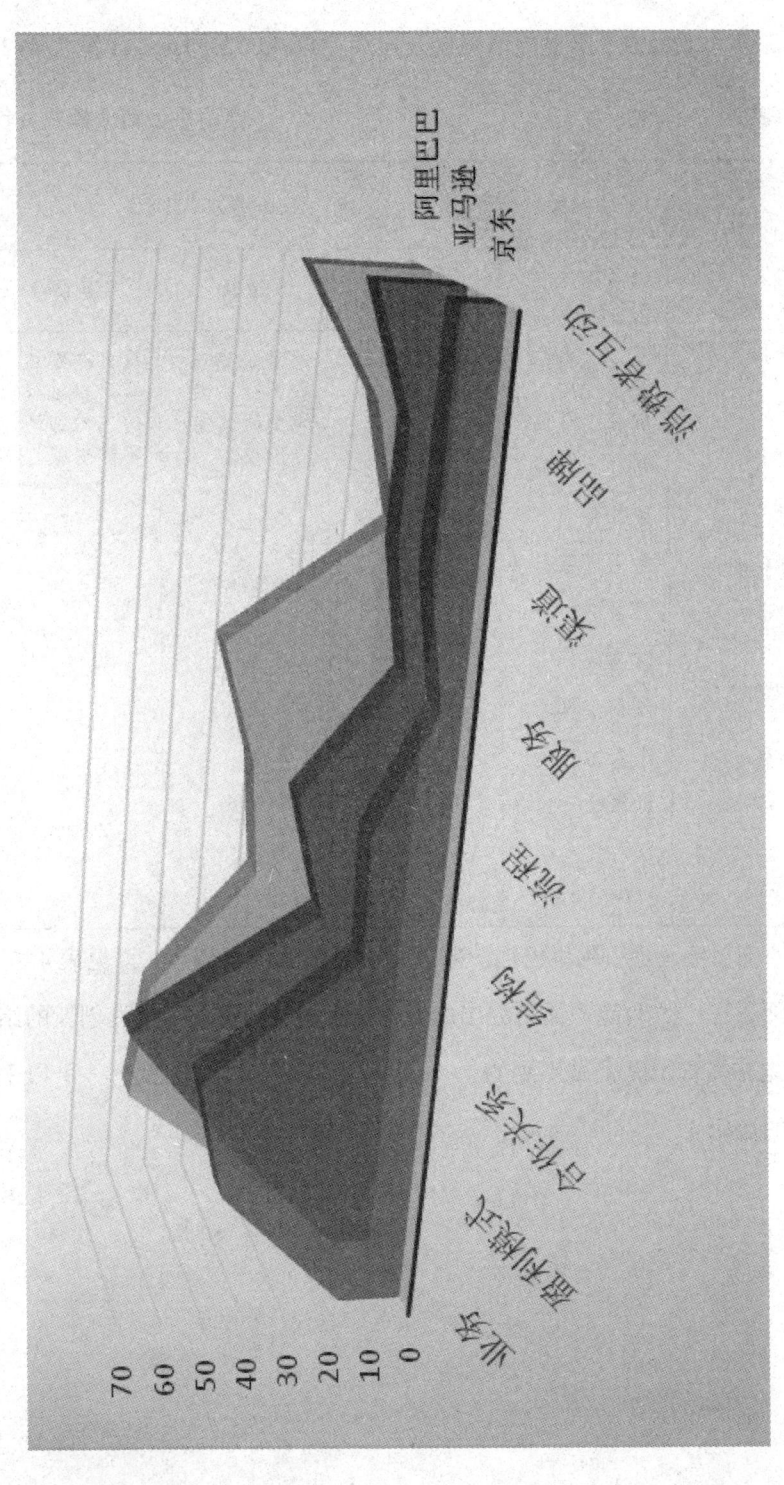

图 4-1 电商平台商业模式创新策略运用对比

商业模式革新

京东、亚马逊、阿里巴巴三家公司商业模式的共同点，详见表4-2。

表4-2　　　　　　　　　　　　　　　　　　　　　　　电商平台商业模式共性

偏重的丘子要素	采用的策略	改进潜力点		
		市场痛点	渠道	品牌
盈利模式合作关系	挟客施令 平台化 空手道 联合（联盟） 联合（互补） 兼并整合 供应链整合 产融结合 IT整合 预测分析 交叉销售 价值统一 家人化 口碑	满足不够，均有一定的提升空间，任何一家公司在此方面的改良都将改变市场格局。	忽略了非互联网行业渠道创新的借鉴价值。	设计和表达客户接触点的艺术都还不够细腻。

京东、亚马逊、阿里巴巴三家公司商业模式的差异点，详见表4-3。

阿里巴巴盈利能力最为突出的原因：阿里巴巴是一个全员创新的组织（光靠高管团队是做不到的），几乎在所有丘子要素上都有3个以上策略的运用。

表 4-3　　　　　　　　　　　　　　　　　　　　电商平台商业模式个性

公司	出发点（突破口）	根策略（B）
京东	"专家思维"，追求专业、成本、效率。	流程标准化
亚马逊		流程自动化①
阿里巴巴	"商人思维"，通过布局来立势，进而靠整体组合碾压竞争对手，不在一地一处"拼杀"。	自我革新②

严格来讲，恐怕只有阿里巴巴算是真正意义上具备互联网思维的公司，它只热衷于"建网"，将所有"专业"的"点"（企业、能力集合等）联结上来，整合、整合、再整合，到最后，它自然就成了"巨无霸"，是最强大的了。而对于像亚马逊、京东这样追求专业的公司，我个人猜想马云正在暗暗盘算，等京东内功再练强点或是亚马逊股价不再那么虚高的时候对他们下手（收购）。阿里巴巴的这种思维与马云个人特质密不可分，马云酷爱金庸小说中的风清扬，热爱太极拳，这位武侠人物和这套拳法均有共同的精髓，重"意"不重"招"。其实，马云自己就是"风清扬"+"张三丰"，不钻"招"的牛角尖，只用"意"，料敌先机，不拘泥于条条框框，借力打力，以柔克刚。

---

① 应用工具和基础设施管理例行工作，以解放员工去完成其他任务。此策略未在"商业模式策略辞典"中介绍，旨在提醒读者不要被本书禁锢自己的智慧。

② 时刻准备颠覆自己。此策略未在"商业模式策略辞典"中介绍，旨在提醒读者不要被本书禁锢自己的智慧。

商业模式革新

京东

根据丘子画布描绘出的京东商业模式如表4-4所示,因无法获得其内部财务信息,遂不包括画布中的利益分配机制。

表 4-4　　　　　　　　　　　　　　　　　　　　　　　　　　　　京东的商业模式

市场痛点	卖点	盈利模式	服务
卖家当下如何卖得又快又多	√	挟客施令、融资、灵活定价、成本领先、会员制、平台化、空手道	忠诚计划
卖家后续如何扩张、发展	—		
买家希望选择多	—	合作关系	渠道
买家希望到货快	√	联合（联盟）、联合（互补）、兼并整合、二级市场[①]、供应链整合、产融结合	交叉销售、多元化
买家希望正品保证	√		
买家希望价格划算（含运费）	√		
业务		结构	品牌
1. 电商 2. 金融 3. 技术（云计算、大数据、智慧物流、人工智能、AR/VR、智能硬件） 卓越产品		能力聚裂变、IT整合	价值统一
		流程	消费者互动
		预测分析、流程标准化	家人化、口碑

①　将非标准化产品店面出租给第三方卖家，收取租金。此策略未在"商业模式策略辞典"中介绍，旨在提醒读者不要被本书禁锢自己的智慧。

商业模式革新

策略使用情况简介

卓越产品（P）：可靠的电商平台、金融产品。

挟客施令（P）：依靠大量活跃用户吸引广告商的广告投入。

融资（S）：京东白条，"先消费，后付款"，类似于信用卡消费。

灵活定价（S）：根据成本价、优先价格（基于产品属性、价值和竞争能力）、竞争对手的价格、季节因素等由信息系统自动生成商品价格。

成本领先（P）：控制自己的供应链成本，让利于消费者。

会员制（S）：注册会员分五级，分别在自营免运费、售后运费、评价奖励、会员特价、生日礼包、专享礼包、装机优惠、贵宾专线、免运费券等9个方面享受不同待遇。

平台化（P）：除中国本土还布局俄罗斯、印度尼西亚，13大类3150万种SKU的商品在线销售，活跃用户两亿左右，发展农村电商，服务覆盖43万个行政村。

空手道（P）：无偿占用商家7天的货款带来巨额现金流。

联合（联盟）（P）：注资九州通医药集团股份有限公司旗下的北京好药师大药房连锁有限公司，投资易车网，入股永辉超市，腾讯入股，沃尔玛入股。

兼并整合（P）：收购韩国SK集团旗下电子商务网站千寻网。

二级市场（P）：将非标准化产品店面出租给第三方卖家，收取租金。

供应链整合（P）：整合创意、设计、研发、制造、定价、市场、仓储、物流、支付、售后等环节，即京东所称的"十节甘蔗"。

产融结合（P）：上市，获得资本市场的支持，得到资金的同时扩大市场影响力。

能力聚裂变（S）：为中高级管理者提供立体培训体系，每年安排至少三位副总裁以上高管去国内外一流商学院进修，不签培训协议，离开京东也不要违约金。和知名商学院合作为总监级高潜力人才开设京东MBA培训班；为每位新入职高管提供一对一贴身支持的"高管90天转身计划"。

IT整合（P）：物流系统、信息系统、财务系统等均整合在一起。

预测分析（P）：上万家供应商可凭借采购、销售等数据快速获得融资，无须任何担保和抵押，3分钟内即可完成从申请到放款的全过程。

流程标准化（B）：严格标准化34个大节点，一百多个具体流程动作。

忠诚计划（S）：购物、评价、晒单等获取京豆，可直接用于支付京东网站订单（投资性金银、收藏品和部分虚拟产品等不支持京豆支付的产品除外）。

交叉销售（S）：在"买单"结束页面推荐已"买单"商品的替代品或周边商品。

多元化（P）：有纸质书，也有电子书。

价值统一（P）：正品的形象深入人心。

家人化（S）：设置了帮助中心，在线解答客户的任何问题。

口碑（S）：允许购物者写下自己的购物经历评价。

通过比较客户预期和组织实践结果，得出京东的丘子商力为A，详情如表4-5所示。

表 4-5　京东的丘子量表

丘子要素及其策略		丘子商力 120	
		供需匹配度	67%
		价值（分）	可行性（%）
业务	卓越产品	10	100%
盈利模式	挟客施令	10	100%
	融资	5	100%
	灵活定价	9	100%
	成本领先	5	100%
	会员制	5	100%
	平台化	7	100%
	空手道	5	100%
合作关系	联合（联盟）	9	100%
	联合（互补）	10	100%
	兼并整合	5	100%
	二级市场	9	100%
	供应链整合	10	100%
	产融结合	10	100%
结构	能力聚裂变	7	100%
	IT 整合	10	100%
流程	预测分析	8	100%
	流程标准化	10	100%
服务	忠诚计划	5	100%
渠道	交叉销售	5	100%

续表 4-5

		供需匹配度	丘子商力 120
		供需匹配度	67%
丘子要素及其策略		价值（分）	可行性（%）
品牌	多元化	5	100%
品牌	价值统一	10	100%
消费者互动	家人化	5	100%
消费者互动	口碑	5	100%

商业模式革新

亚马逊

根据丘子画布描绘出的亚马逊商业模式如表 4-6 所示,因无法获得其内部财务信息,遂不包括画布中的利益分配机制。

表 4–6　　　　　　　　　　　　　　　　　　　　　　　　　　亚马逊的商业模式

市场痛点	卖点	盈利模式	服务
卖家当下如何卖得又快又多	√	挟客施令、成本领先、会员制、平台化、空手道	个性化
卖家后续如何扩张、发展	–		
买家希望选择多	√	合作关系	渠道
买家希望到货快	–	联合（联盟）、联合（互补）、兼并整合、竞合、二级市场、供应链整合、产融结合	交叉销售、多元化
买家希望正品保证	√		
买家希望价格划算（含运费）	√		
业务		结构	品牌
1. 直销各类大路商品 2. AWS（Amazon Web Services） 3. 电子集市 4. 物流卓越产品		IT 整合、外包	价值统一
		流程	消费者互动
		知识产权、预测分析、流程自动化	口碑、家人化、体验简化

策略使用情况简介

卓越产品（P）：AWS通过提供灵活、敏捷、开放和安全的保护产品，改变了传统IT部门大型基础结构模型的局面，使得客户公司能够根据需要改变自己的带宽。

挟客施令（P）：依靠大量活跃用户吸引广告商的广告投入。

成本领先（P）：几乎所有商品都打折。

会员制（P）：加入Prime会员，全年无限次免运费2天到达外，还能享受平台上的电影、电视、音乐等，会员服务目前已经扩展至11个国家。

平台化（P）：支持8个国家第三方卖家开店，建有13个电商网站，物流覆盖65个国家和地区，430万种商品种类在线销售，活跃用户三亿多。

空手道（P）：占用卖家约14天的货款资金，同时开有纯粹的虚拟商店，没有自持库存，厂家或批发商直接发货。

联合（联盟）（P）：和音乐网站、出版网站、零售企业等联盟。

联合（互补）（P）：和Adobe、ESRI、Salesforce.com、Oracle、Symantec展开广泛的合作。

兼并整合（P）：收购电影数据库网站（IMDB）、英国Bookpage、德国Telebook、中国卓越、加拿大Abebooks、Booksurge、法国Mobipocket、Audible.com、Lexcycle、Shopbop、Endless.com、Zappos、Quidsi、Planet All、Junglee、SnapTell、Touchco、Yap、Kiva、Dpreview.com、Shelfari、Booktour.com、UpNext等公司，涉及图书、数字内容、百货、科技、社交网络、地图等领域。

竞合（P）：和竞争对手巴诺书店、塔吉特等公司合作。

二级市场（P）：将部分店面平台出租给第三方卖家，收取租金，开辟二手货交易专区。

供应链整合（P）：当亚马逊接到订单后，立即通过IT系统传给供应商，对方会将货物尽快送到卓越亚马逊的仓库。大部分与之合作的物流企业也将从自己与亚马逊对接的IT系统里看到需要配送的订单情况，到仓库去取货。

产融结合（P）：上市，获得资本市场的支持，得到资金的同时扩大市场影响力。

IT整合（P）：支付系统、仓管系统、配送系统等均整合在一起。

外包（P）：将美国本土配送业务外包给了美国联合包裹公司和联邦快递，海外业务外包给了国际海运。

知识产权（P）：申请有"促进计算机系统间交互"的专利。

预测分析（P）：利用多年积累的强大数据库预测某个产品的某个型号在某个地区一天内能有多少订单，提前备货。

流程自动化（B）：智能机器人Kiva技术、无人机送货等，实在太多太精彩，读者可以自己上网搜"亚马逊仓库管理"以窥一二。

个性化（P）；基于用户自己购买、浏览和行为的历史，利用"物品到物品的协作筛选"算法来为回头客定制浏览体验、邮件推送。

交叉销售（S）：在"买单"结束页面推荐已"买单"商品的替代品或周边商品。

多元化（P）：有直销，有第三方卖家；可以购买纸质书，也可以购买电子书。

价值统一（P）："以客户为中心"、能够买到任何商品、最低的价格。

口碑（S）：允许购物者写下自己的购物评价。

家人化（S）：设置了帮助中心，给客户展示购物流程，还帮助客户解答问题。

体验简化（P）：便捷的搜索、书内搜索功能、一键下单技术、FAQ页面。

通过比较客户预期和组织实践结果，得出亚马逊的丘子商力为AA-，详情如表4-7所示。

表4-7　　　　　　　　　　　　　　　　　　　　　　　亚马逊的丘子量表

丘子要素及其策略		丘子商力 139	
		供需匹配度	67%
		价值（分）	可行性（%）
业务	卓越产品	10	100%
盈利模式	挟客施令	10	100%
	成本领先	5	100%
	会员制	10	100%
	平台化	10	100%
	空手道	5	100%
合作关系	联合（联盟）	10	100%
	联合（互补）	10	100%
	兼并整合	10	100%
	竞合	5	100%
	二级市场	10	100%
	供应链整合	10	100%
	产融结合	10	100%
结构	IT整合	10	100%
	外包	10	100%

续表 4-7

丘子要素及其策略		丘子商力 139	
		供需匹配度	67%
丘子要素及其策略		价值（分）	可行性（%）
流程	知识产权	10	100%
	预测分析	8	100%
	流程自动化	10	100%
服务	个性化	5	100%
渠道	交叉销售	5	100%
	多元化	5	100%
品牌	价值统一	10	100%
消费者互动	口碑	5	100%
	家人化	5	100%
	体验简化	10	100%

阿里巴巴

根据丘子画布描绘出的阿里巴巴商业模式如表4-8所示，因无法获得其内部财务信息，遂不包括画布中的利益分配机制。

表 4-8　　　　　　　　　　　　　　　　　　　　　　　　　阿里巴巴的商业模式

市场痛点	卖点	盈利模式	服务
卖家当下如何卖得又快又多	√	挟客施令、融资、免费增值、会员制、微交易、平台化、集火①、空手道	社群化、补充服务、永绝后患、忠诚计划、卓越服务
卖家后续如何扩张、发展	√		
买家希望选择多	√	合作关系	渠道
买家希望到货快	—	联合（联盟）、联合（合作）、联合（互补）、兼并整合、供应链整合、产融结合	交叉销售
买家希望正品保证	—		
买家希望价格划算（含运费）	√		
业务		结构	品牌
1. 电子商务 2. 金融 3. 物流 4. 大数据云计算 5. 广告 6. 跨境贸易 7. 其他互联网服务 卓越产品、补充		激励系统、IT整合、外包、自我革新	价值统一
		流程	消费者互动
		本地化、订单驱动、预测分析、用户创造	家人化、口碑、体验拓展、激发竞赛

---

①　集中在某个时段造势，吸引眼球。此策略未在"商业模式策略辞典"中介绍，旨在提醒读者不要被本书禁锢自己的智慧。

商业模式革新

策略使用情况简介

卓越产品（P）：可靠的技术平台、金融产品。

补充（P）：以电商为主体，提供与此配套的诸多服务，形成利益叠加效应。

挟客施令（P）：依靠大量活跃用户吸引广告商的广告投入。

融资（S）：蚂蚁花呗，"先消费，后付款"，类似于信用卡消费。

免费增值（P）：在提供初级的免费电商培训的基础上推出收费的高阶培训。

会员制（P）：注册成为天猫、淘宝卖家、第三方服务商，缴纳保证金、技术服务费和每笔交易的扣点。

微交易（P）：联合基金公司，推出1元理财产品。

平台化（P）：覆盖全球240个国家和地区，注册用户超过1亿，商铺数量超过1000万，同时打造"云仓储""云物流"，将第三方资源链接在一起。

集火（P）：推出"双十一"活动等噱头，起到造势宣传、消化积压库存、达到规模交易的目的。

空手道（P）：无偿占用商家7天的货款带来巨额现金流。

联合（联盟）（P）：与复星集团、银泰集团、万向集团合资成立小额贷款公司，入股苏宁、新浪微博、魅族、三江购物、光线传媒、南华早报、北青社区报、36氪、Micromax、美国Snapchat、美国Zulily、印度Snapdeal、印度One97、Paytm、圆通、日本SBRH，苏宁入股，投资快的打车、高德导航、恒生电子，通过易果生鲜入股联华超市。

联合（合作）（P）：支付宝与两百多家金融机构及50万家商户合作，与中国邮政在物流、电商、金融和信息安全等领域开展深度合作。

联合（互补）（P）：与 Costco、emart、Lottemart、大润发、Countdown 等全球九大超市集团达成独家战略合作，与美的在品牌资源互换与整合营销、分销渠道建设及系统、云产品与智能家电、供应链与仓储、产品定制等五领域全面合作，旗下 YunOS 与中国移动合作，与上汽合作开发互联网汽车，与百联集团在全业态融合创新、新零售技术研发、高效供应链整合、会员系统互通、支付金融互联、物流体系协同等 6 个领域合作。

兼并整合（P）：收购中国万网、印尼 Lazada、美国 Vendio、美国 Jet.com、魅力惠、深圳一达通、粤科科技、雅虎中国、UC 优视、口碑网、饿了么、豌豆荚、虾米音乐、优酷土豆、天弘基金、翰海源等公司，涉及电商、搜索、O2O 布局、社交、文化、金融、网络安全等领域。

供应链整合（P）：收购新浪微博，抓住用户需求的前端，淘宝、天猫、聚划算等平台控制商流，支付宝、余额宝和阿里金融控制资金流，菜鸟布局电商物流大网，试运营"淘工厂"，整合制造＋代工，最后用大数据将整个供应链串起来，驾驭整个供应链。

产融结合（P）：上市，获得资本市场的支持，得到资金的同时扩大市场影响力。

激励系统（P）：成功卖家在"淘宝大学"授课，能够得到原本收费课程的免费服务。

IT 整合（P）：淘宝、天猫、支付宝、聚划算、云计算等整合在一起。

外包（P）：基础培训课程外包，物流外包。

自我革新（B）：快速发展某项业务，再在合适时机拆分，有需要时再整合，鼓励员工、团队不停地突破自己，不唯上级命令，唯价值创造，"你敢疯，我敢投"，松绑 KPI，获得用户、市场认可的创新成为绩效主要考察项，在企业文化、组织架构、平台机制、人力资源等方面实施一系列真正意义上的创新。

本地化（P）：为不同的区域市场开发独有的系统功能。

订单驱动（P）：C2B模式业务，先有消费者提出需求，工厂再生产。

预测分析（P）：在阿里巴巴网站基于企业的基本情况、经营年限、交易状况、商业纠纷、投诉状况等建立信用模型——诚信通指数，据此提供金融服务。

用户创造（P）：根据销售额、品牌知名度、线下影响力等三个指标挑选出的200个商家组成"天猫智囊团"为天猫平台出谋划策，且所有项目方案需要所有的大小商家同意才能实施。

社群化（P）：支付宝、搜索、邮箱、P4P、阿里巴巴B2B、淘宝、雅虎中国、阿里软件、阿里妈妈、口碑网为中小企业和消费者提供了一个统一的数据、安全、风险防控的基础设施平台。

补充服务（P）：支付宝力建网上生活圈，为人们的衣食住行提供便捷，例如缴纳水电气费、信用卡还款、AA收款等。

永绝后患（P）：支付宝彻底消除了中国用户对在线支付的担心。

忠诚计划（S）：购物、登录、抽奖等获取天猫积分，可以在下次购物中抵一定比例现金或参与积分抽奖。

卓越服务（P）：开办"淘宝大学"，开发相应的APP，开通互动直播，提供在线的基础电商运营课程和线下电商创业系列课程、电商精英课程、电商经理人课程、网商MBA课程；"天猫商家成长部"引导新商家专业的入驻天猫，并为既有商家诊断问题提出改进建议；淘宝的"卖家成长部"为商家提供基础服务、交易服务、工具服务（如店铺装饰、图片等）、评价服务、规则服务、通知服务；数据魔方服务为企业提供市场研究分析、店铺分析、消费者分析、营销效果分析、网站优化等数据服务。

交叉销售（S）：在"买单"结束页面推荐已"买单"商品的替代品或周边商品。

价值统一（P）：始终坚持"让天下没有难做的生意"，始终贯彻"大淘宝战略"，上升到了一个行业的高度，一个生态圈的高度。

家人化（S）：设置了帮助中心，在线解答客户的任何问题。

口碑（S）：允许购物者写下自己的购物评价。

体验拓展（P）：支付宝使人们可以离开钱包、银行卡，一部手机走遍天下。

激发竞赛（P）：设有"信用评价制度"和"店铺评分制度"，为买家提供更多维度的信用参考信息，为卖家提供更多维度的信用激励机制。

通过比较客户预期和组织实践结果，得出阿里巴巴的丘子商力为AAA，详情如表4-9所示。

表 4–9　　　　　　　　　　　　　　　　　　　阿里巴巴的丘子量表

丘子要素及其策略		丘子商力 / 194	
|| 供需匹配度	67%	
丘子要素及其策略		价值（分）	可行性（%）
业务	卓越产品	10	100%
	补充	10	100%
盈利模式	挟客施令	10	100%
	融资	5	100%
	免费增值	5	100%
	会员制	5	100%
	微交易	10	100%
	平台化	9	100%
	集火	10	100%
	空手道	5	100%
合作关系	联合（联盟）	10	100%
	联合（合作）	10	100%
	联合（互补）	5	100%
	兼并整合	10	100%
	供应链整合	10	100%
	产融结合	10	100%

续表 4-9

		丘子商力 194	
	供需匹配度	67%	
丘子要素及其策略		价值（分）	可行性（%）
结构	激励系统	5	100%
结构	IT 整合	10	100%
结构	外包	5	100%
结构	自我革新	10	100%
流程	本地化	8	100%
流程	订单驱动	7	100%
流程	预测分析	8	100%
流程	用户创造	10	100%
服务	社群化	10	100%
服务	补充服务	8	100%
服务	永绝后患	10	100%
服务	忠诚计划	5	100%
服务	卓越服务	9	100%
渠道	交叉销售	5	100%
品牌	价值统一	10	100%

续表 4-9

		丘子商力 194	
		供需匹配度	67%
丘子要素及其策略		价值（分）	可行性（%）
消费者互动	家人化	5	100%
	口碑	5	100%
	体验拓展	8	100%
	激发竞赛	10	100%

第五章

解放思想

本章导读

"无招"胜有招

管理还不是科学

最佳实践并不存在

隔行不隔山

组织能力提升规律

第五章 解放思想

"无招"胜有招

接近本书的尾声，我再次强调：当我们心中有标准时就离最好的越来越远了，无招之招才是最强之招。

接下来，一组解放思想的文章虽然只能助读者窥之一二，也期望能为您抛砖引玉。

※ 管理还不是科学

※ 最佳实践并不存在

※ 隔行不隔山

※ 组织能力提升规律

管理还不是科学

管理还不是科学，最多还只是在形成科学的道路上，也许永远不会成为科学。

科学的本质

科学是反映事实真相的学说，是对一定条件下物质本质变化规律的研究和总结，具有可重复验证、可证伪的特性，自身没有矛盾。

能举出反例就不是科学。

让我们仔细想想吧，管理真的是科学吗？

企业经营解决的是好坏问题，企业管理解决的是确不确定的问题。杰出的经营管理要将不确定的好事变确定，确定的坏事变不确定，提高不利结果的不确定性，提高有利结果的确定性。

目前，世界上唯一确定的东西就是科学。确定的科学能够满足人类心中的欲望及克服对不确定性的恐惧，人们为了寻求心中企盼的结果而求索于科学。只可惜，大多时候都是掩耳盗铃，科学只不过成了管理的一种手段。

第五章 解放思想

管理的对象决定了是否存在科学

管理的对象分物和人。

与物紧密相关的有科学可言，与人紧密相关的无科学可言。

物是死的，只要我们掌握了其性质及性质变化的规律就可以运用它，且不用担心它在地球上违反规律。比如生产车间的流水线，仓库的仓储体系，设备的使用、维护、保养等。

人是活的，目前的科技还没研究清楚人，不管是心理学还是医学，总是在世界的某个角落能让我们见证到各种违反"规律"的稀奇事。人就是世界上一个不确定性的存在。比如员工的激励，公司的组织架构，业务流程，战略管理等。所以，我们会发现这些领域各说各有理、各施行各有理，好像每家都有道理，又好像没有能够完全解释客观现象的；好像有些说法带来了成功，好像同样的说法也带来过灾难。图5-1很形象地解释了管理科学指导实践带来灾难的原因之一。

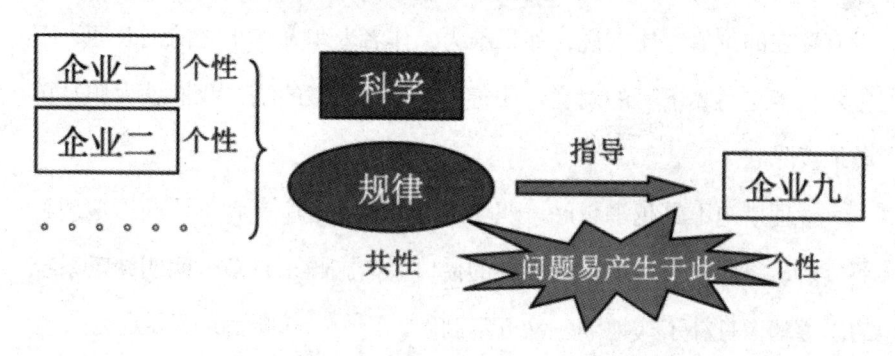

图 5-1 管理科学指导实践带来灾难的原因

与人相关的管理只存在智慧，不存在科学。比如员工的激励。人类社会发展到今天是人类的欲望驱使，没有欲望就没有进步。激励的本质就是对欲望的满足，但欲望又是无穷无尽的，得到了好的会产生更好的欲望，总想越来越好。怎样才是更好？人们就会自己寻找参照系：跟自己以前比、跟周围的人比……如果有外星人的话，恐怕还会跟外星人比，凡是认为值得一比的东西人们都会去比。要想激励人就是找出其想比的所有东西并让其觉得其想要进行的比较都胜出了。记住：是让其觉得胜出了，客观上真胜出或假胜出没有意义。这，就是智慧。智慧不是科学。

对企业管理实践的意义

1. 企业应当尽量先把与物紧密相关的事情科学化，再去思考与人紧密相关的智慧。

2. 管物大多与怎么少花钱有关（质量不降低的情况下节约成本）。管人大多与怎么多赚钱有关（成本不增加的情况下增加收益）。

3. 小心翼翼地运用管理。我们要思考：为什么有了所谓的管理，经营业绩反而不如从前了？

不要为了管理而管理。

管理的目的是提升业绩，为经营服务。凡是与此无关的管理措施都没有存在的价值。比方说，如果脑力工作者上午九点半之前到公司、下午六点半之后才下班的制度对改善企业业绩甚微的话，我们就大胆且勇敢地废除它。

管理措施不是越多越好，职业经理人和企业所有者不要畸形地理解"管理"，将此作为展示自己存在的借口。措施越来越多，明明缺乏系统的思考却像打补丁式地隔三岔五定制度。

当我们缺乏智慧的时候别太把管理理论当回事。这些理论大多从西方国家引进，基于西方国家的条件存在，比如基于某些特定国家的法律法规，基于特定的文化及人的习性。而且，理论本身都有值得怀疑的地方，再加上不得精髓只用其形的理解更会深受其害。比如平衡计分卡，一谈到这个"伟大"的工具，很多人就会说"从四大方面对企业进行衡量"，这就是完全不得要领的理解，它的精髓在于找出企业成功的定性、定量的因果联系。

当我们充满智慧的时候，不是科学的管理是有解的，不用"五官"（用智慧）感受这个世界。比如驾驭管理工具和方法，而不是被驾驭。比如少用模板和套路，多去思考和挖掘本质。

所有对管理的研究都是盲人摸象，没人全看透，也看不透。因为它本来就是没有规律的事情，同样的情景要用不同的方法，同样的方法用在不同的情景只有足够智慧的人方能应付一二。

最佳实践并不存在

真的有最佳实践吗?

对企业自身而言,长期来讲,没有;短期来讲,有。

标杆企业不代表最佳实践。

最佳实践的内涵

最佳实践是一个管理学概念,认为存在某种技术、方法、过程、活动或机制可以使生产或管理实践的结果达到最优,并减少出错的可能性。

最佳实践还常常被咨询公司、研究机构、政府机构和行业协会定义为:为持续有效地达到企业目标而采取的最成功的解决方案或解决问题的方法。

最佳实践常被用来作为一种强制行政标准以保证质量,其基础可以是自我评估和标杆管理。最佳实践是 ISO 9000 和 ISO 14001 认证的管理标准。

最佳实践法被广泛运用于企业的经营管理中。比如，企业发展遇到瓶颈就研究研究同行业的龙头企业是怎么做的；或者做战略咨询就应该PESTEL分析模型分析＋SWOT分析＋……

企业最佳实践长期没有、短期有

长期没有。成功是失败之父。多少大企业、好产品成为昨日黄花？因为过去很成功，所以不肯改变，因为改变意味着改变"最佳实践"。所以，有了令人唏嘘的诺基亚等一系列企业。世界在不断变化，唯一不变的是变，道理虽简，但知易行难，行动起来有违常规的常常又会被喊停。没人能保证自己的最佳实践能保持多久，连现在如日中天的苹果公司也不敢。

短期有。每个公司都有自身经营业绩最好的一个时期，这个时期就是你的最佳实践。

标杆企业并不靠谱

标杆企业并不靠谱，准确地说，是企业外部没有值得你学习的最佳实践，除非假设前提相似。比如，面临同样的宏观环境、相似的企业成熟度、同样的核心资源或能力等。这样一说，大家就知道要找出这样两片相似的"叶子"太困难了。

企业是什么？我们可以这样形象地理解：它就是个资源转换机，将人、财、物通过自己的加工方式输出产品或服务，以获得更多的人、财、物，有点像永动机的意思。企业与企业之间的差异就差在其中的资源转换效率和输出结果上，所有的管理学研究归根结底就是对这两种差异的研究。

每个企业的资源性质不同、文化氛围不同、天赋不同，怎么可能用与自己大相径庭的企业的招数救自己呢？这就像用治疗动物的方法给人看病一样，即使运气好能有点"疗效"，也最多就是当下有口饭吃，很难通过这种学习帮助你成为了不起的公司。

如果最佳实践没有意义，那该怎么办

练中学，自成一套。

练：企业需时刻保持一颗智慧的头脑，关注从自身出发的实践，董事会着力去改变企业的约束条件，管理者们着力充分运用已有条件，记住目的，抛开"假把式"（披着"专业"外衣的华丽招式），开辟自己的道路，创出自己的"武功"。

学：学习本质和规律。华为取得不错的成绩，不是因为它有什么任职资格体系，或是使用全员持股，这都只是现象。企业要从中学到的应该是如何充分解放企业的生产力，只要有助于这个目的，什么招都应该用。

实践是检验真理的唯一标准。

隔行不隔山

隔行如隔山，20年之前，这句话有道理，现在恐怕就说不通了。除少数绝密技术外，我们想掌握的东西，网络世界提供了十之八九。

为什么隔行如隔山

古人云：教会徒弟，饿死师傅。同一行当尚且留一手不说，不同行当的更是天机不可泄露。知识、技能的传递不是靠"武功秘籍"，就是靠口口相传，吃饭的家伙谁都不轻易秀出来，形成派别的还会有"门户之见"。从根本上讲，隔行如隔山是社会经济发展的需要及社会分工的结果。直接原因是人为因素导致了各行各业的独立堡垒。围墙外的人难窥究竟，围墙内的人守口如瓶。

世界已经改变

还有什么是在网上找不到的吗？

万方：行业基本情况、企业的某项实践。

证券交易所网站：行业研究、行业标杆企业财务信息。

百度或谷歌：专业名词解释、工具或方法介绍和应用。

专家博客：深度见解。

知乎：各行各业的专业知识、经验和见解。

亚马逊：关于专项内容详细阐述的图书。

……………

其实，有许多文章比我在这里介绍的途径更多、更详细、更准确。所有的这些都能告诉我们：某个行业是怎么"玩"的，具体怎么操作，关键是什么，等等。

过去需要几年、几十年掌握的诀窍，对当今世界的有些人来说只是几个小时、几天、几个月的事情。人们都彼此站在对方的肩膀上成长，人人都可能成为巨人。

对企业招聘的价值非同凡响

先要确定找来的人要起到什么作用：如果需要一个"填坑者"，就得找有相同工作经验的人，不出乱子就行；如果需要一个"创造者"，就得找一个具有创新基因且懂人的天才，不需要相似工作经验，因为这些容易获得，这种人更容易开辟出新天地、新局面。

天才的特征：天赋（举一反三）、宁静（自制）、主动（进取），缺一不可。天赋使人能够举一反三、触类旁通；宁静使人不受诱惑和干扰，专注深度与广度；主动使人不知懈怠，勇攀高峰。关于此三点，在后文《组织能力提升规律》中有详述，在此不表。不过，企业还是会担心一个不懂行的天才来"胡搞"，建议的保险搭配：天才的将帅、保底（不出乱子）的兵。其实，这也是培养复合型人才的绝佳方法，大家整天嚷嚷要培养和发展复合型人才，可又不断地要求专业、专业。各行各业、专业之间联系越来越紧密，专业将使我们的思想变得狭隘，一专多能或几专多能才是王道。而且，一个精通多个专业的人一定比联合工作组或团队性价比高。

组织能力提升规律

能力的本质

能力的本质：改造主客观世界的水平。个体能力只有转化成组织能力才更有价值，组织能力的提升遵循从个体到组织再到个体的螺旋上升规律，我个人称之为"丘子能力定律"，如图 5-2 所示。

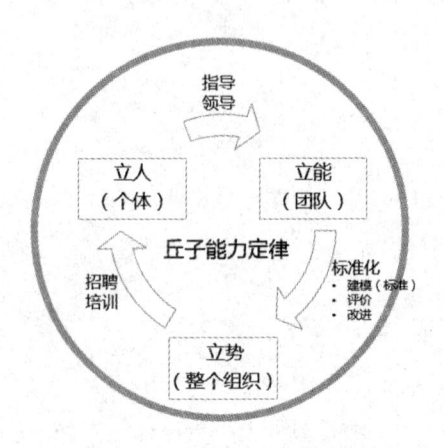

图 5-2　丘子能力定律

研究和实践的目的在于实现能力可复制，任何组织都不应该期望谁是不可替代的。

战略决定组织需要的能力。

个体：组织通过招聘和培训获得组织需要的个体能力。通过招聘获得新能力或者填补旧能力，通过培训提高现有人员的能力。培训只能填补旧能力，不能创造出新能力，新能力的获得只能通过招聘。

团队：个体在日常工作或临时性项目中通过指导或领导来影响周围的人，使团队的整体能力发生质的变化。

整个组织：在实践中发现某个团队绩效出色，组织以该团队为原型，通过制度化手段实现团队能力复制，推广到整个组织。

组织能力由弱到强，依次分成三大等级：立人（个体）、立能（团队）、立势（整个组织）。而且，要想发展到立势的阶段必须依次经历立人、立能两阶段。大型组织内部可能同时存在三大能力等级，不同经营单元可能正处于不同的能力阶段。我个人称这为"丘子能力等级定律"。

立人：强人阶段。中国绝大多数企业的组织能力处于这个水平。获得企业利润基本就靠老板或个别"英雄"。"英雄"一旦离开，组织就面临灭顶之灾。

立能：强团体阶段。少量的中国企业已经发展出这种组织能力。企业内的任何个体的离开不会对组织造成多大影响，企业很快能找到或储备了"替代者"，经营业绩仍能保持在合理浮动区间。

立势：强组织阶段。几乎只有极少数世界500强企业达到了这个水平。组织其实已经不需要很有思想、很有才华的人员加入。来个与众不同的"天才"，要么促使组织进入新的能力提升轨迹，要么大多在招聘环节就被扼杀。

荒谬的实践

典型实践：责人不立势，遇事总怪人。此种实践中的典型表现如下。

1. 期望凭借高薪招一个世界500强的高人来提升组织能力。总认为大公司里的人相对强一些，期望从那里挖一个人改善企业组织的能力。而实际结果如何呢？大多水土不服，浪得虚名。

2. 逼迫现有员工创造崭新的价值。大把激励或者大把惩罚，不是寄希望于奇迹，就是破罐破摔，盼望着大家能被引导出或逼出点像样的玩意。

以上实践产生的原因：企业所有者和管理者不明白组织能力提升的客观规律。细分起来，有两个方面。

1. 个体无法仅靠自身直接改变整个组织，使其获得长期发展的动力。

2. 组织能力不会自我进化。组织都是由人构成的，人不变，组织不变，能力也不会变，尤其是战略性能力（我称之为三原力）。一个人的三原力决定着他将掌握多少新能力，以多快的速度掌握，积累经验的速度有多快。这是天生的，后天无法获得。

组织能力的强弱由现有人员已经具备的能力决定，组织能力能否自我进化由组织里关键人员的三原力决定。

三原力由三大部分构成，缺一不可：天赋（举一反三）、宁静（自制）、主动（进取）。

天赋：举一反三，触类旁通。不能举一反三的人无法取得突破性进展，易被疑惑，只得万物之招式而不得精髓，长期困惑而无法豁然开朗。能够举一反三的人非常明白隔行根本不隔山，世间万物的道是惊人的一致。

宁静：自制、慎独。做不到宁静的人干什么事情，其注意力都容易分散，容易丢三落四，没太多时间安静地思考问题，知识涉猎的广度、深度十分有限。善静者天生就对人们习以为常的事情充满着疑惑，即使在坐公交车，他的脑子也在思考问题。

主动：积极进取。试想一下，一群搞科研创新的人整天想的都是凭什么那些营销人员薪资待遇比我好，每天都在计算做这事能得到多少报酬，哪还有精力去从事研究创造。我们听说过袁隆平是想着国家能给多少奖金或多少荣誉才去研究杂交水稻的吗？人家有的是对科学的满腔热情，在做一件他认为非常有乐趣的事情。整天想着好处的科研人员也不大可能有什么了不起的研究，就是混日子的。当人们用满腔热情真的创造出什么的时候，其原本没有预料到的好事往往也就不期而至了。

后　记

学习的价值

　　我衷心希望：有一天能够很荣幸地听到某个或某些中国企业因为参考、借鉴了《商业模式革新》的思想成了全球翘楚企业。同时，我坚信：如果想要成为翘楚企业，就必须运用《商业模式革新》中的多种策略组合，且需要创出只有您自己明白的第七十三策、第七十四策……

　　学习的价值在于启发智慧，而不是为了获得标准答案，领会"剑意"重于掌握"剑招"，以此与读者共勉。读书、思考、学习、创新、发展……我们一路同行！

2018 年 5 月